W0236009

Der Original
Malt Whisky
Almanach

Ein Leitfaden für Geniesser
Wallace Milroy

Bearbeitung der deutschen Ausgabe: Drs. C. & J. Setter
Verlag Friesland · 26419 Schortens

Titel der englischen Originalausgabe
The Original Malt Whisky Almanac
A Taster's Guide

Copyright der englischen Ausgabe :
Neil Wilson Publishing Ltd
303a The Pentagon Centre
36 Washington Street
GB - GLASGOW
G3 8AZ
Tel: 0044 - 141-221-1117
Fax: 0044 - 141-221-5363
E-mail: nwp@cqm.co.uk
http://www.nwp.co.uk/

Erste Auflage Juli 1986.
Zweite Auflage Juni 1987.
Nachdruck August 1987, Januar, Oktober 1988.
Dritte Auflage September 1989.
Nachdruck Juni, September 1990.
Vierte Auflage April 1991.
Nachdruck August, November 1991, März 1992.
Fünfte Auflage November 1992.
Nachdruck März, Dezember 1993, April 1994, März 1995.
Sechste Auflage November 1995.
Nachdruck Juli 1996.
Siebte Auflage Juni 1998.

Copyright der deutschen Ausgabe
Verlag Friesland
- Doris Setter -
Körtlandweg 15
26419 Schortens
Tel.: 04461 - 91 22 37
Fax: 04461 - 91 22 39
E-mail: scoma@t-online.de

ISBN 3-9800773-7-3

Printed by Bookprint, Barcelona, Spain

Inhalt

Danksagung

Es sind jetzt mehr als 10 Jahre seit dem Erscheinen der ersten Ausgabe dieses Taschenbuches vergangen und es ist sehr ermutigend, festzustellen, wie viele derer, die mir damals geholfen haben, auch heute noch in der Whiskyindustrie tätig sind. Ein herzlicher Dank an jeden von ihnen. Diesmal gilt mein besonderer Dank all den Mitarbeitern der Glengoyne Brennerei, die mich bei der Aufnahme für die Titelseite ertragen mußten! Niemand kann sich vorstel-len, wie kalt es in diesem Lagerhaus war! Mein Dank geht an Derek Kingwell, der mich bei der Zusammenstellung "Whisky und Essen" beraten hat.

NWP und Verlag Friesland möchten sich bei den Keepers of the Quaich für die Mitarbeit an diesem Buch bedanken.

WICHTIGE ANSCHRIFTEN

The Scotch Whisky Association
14 Cork Street
LONDON W1X 1PF
Tel: 0044 -171-629-4384

Scotch Whisky Heritage Centre
354 Castlehill
Royal Mile
EDINBURGH EH1 2NE
Tel: 0044 -131-220-0441
Fax: 0044 -131-220-6288

Eintritt für Erwachsene £4.95, Ermäßigung für Gruppen. Audio-visuell begleitete Führung, Laden, Probierstube, SB-Restaurant, Vortrag in 8 Sprachen.

The Scotch Malt Whisky Society
The Vaults
87 Giles Street
Leith, EDINBURGH EH6 6BZ
Tel: 0044 -131-554-3451

Bietet ein wechselndes Sortiment an Abfüllungen in Faßstärke sowie eine periodisch erscheinende Zeitung, Clubraum und Übernachtungsmöglichkeit, Verkostungen landesweit, Whisky-Seminare. Der Aufnahmebeitrag von £50 ist inclusive einer Flasche Malt.

Vorwort

Wallace Milroy's *Original Malt Whisky Almanach*, jetzt schon in seiner 7. Auflage, ist ein Taschenbuch für die Vielzahl der Liebhaber des Scotch Malt Whisky in aller Welt, die gerne mehr erfahren möchten - von den schlichten Fakten bis hin zu detaillierten Einzelheiten über die Produktion in den einzelnen Brennereien und die Lage der Betriebe.

Dieses handliche, aber zugleich auch enzyklopädische Werk, ist ebenso ein Teil der Tracht des Schotten wie seine Felltasche, der Sporran.

Als amtierender Großmeister der Keepers of the Quaich kann ich nur die Worte meiner Vorredner wiederholen, die das Werk hoch gelobt und jedem empfohlen haben, der sich auf das angenehme Abenteuer einläßt, das beste und einzigartige Produkt Schottlands zu genießen.

The Duke of Argyll, J.P.
Grand Master
Keepers of the Quaich

Inveraray Castle
Januar, 1998

Einleitung

I N der Einleitung zur letzten Auflage diese Buches war der Kernpunkt meiner Ausführungen - wie Sie sich vielleicht noch erinnern - die Diskussion um die immer größer werdenden Unterschiede in der Besteuerung der Spirituosen in Europa. Seither ist es zu dramatischen Veränderungen gekommen und im Falle Japan mit tiefgreifenden Konsequenzen für die Whiskyindustrie in Schottland. Am 1.Oktober 1997 wurde die Steuer auf Scotch Whisky um 44 Prozent gesenkt und beläuft sich nunmehr auf 300 Yen (4,00 DM) pro Flasche. Als direkte Folge hiervon stieg der Export im ersten Halbjahr 1997 um 9 Prozent an und erreichte fast 20 Millionen Flaschen. Im Mai 1998 soll dann eine zusätzliche Steuersenkung um weitere 26 Prozent erfolgen. Dies sind gute Aussichten für den Export von Scotch Whisky nach Japan ... aber gleichzeitig steht das Ende des Duty-Free-Verkaufes in-nerhalb der Europäischen Union an.

Während die EU weiterhin die Position vertritt, daß diskiminierende Steuern auf Spirituosen nicht vorrangig zu behandeln sind, wurde aber gleichzeitig die Abschaffung des innergemeinschaftlichen Duty-Free-Verkaufes zum 30. Juni 1999 beschlossen. Dies wird deutliche Auswirkungen auf die Whiskyindustrie Schott-lands, die Kosten für Flugreisen und den Tourismus allgemein haben. Allein Edinburgh Airport müßte zum Ausgleich für entgangenen Einnahmen die Lande-gebühren um 15 Prozent anheben und hätte zusätzlich mit einem weiteren Ver-lust von 66 Millionen DM zu rechnen. Geplante Erweiterungen des Flughafens müßten wahrscheinlich zurückgestellt werden - mit einem Verlust an Attrakti-vität des Flughafens für neue Fluganbindungen und Zielorte...für das neue schot-tische Parlament sicherlich mehr als nur ärgerlich. Natürlich kann es die EU nicht Jedem recht machen. Das Abschaffen des Duty-Free-Verkaufes ist kurz-sichtig, besonders unter dem Aspekt der recht unterschiedlichen Besteuerung von Alkohol durch die 15 Mitgliedsstaaten. Und mit welchen Auswirkungen auf die Whiskyindustrie Schottlands.

Das Ende des innergemeinschaftlichen Duty-Free-Verkaufes wäre gleichzeitig auch das Aus für 700 Arbeitsplätze in Schottland, darunter viele in Gebieten mit hoher Arbeitslosigkeit wie in den Highlands oder im Westen von Schottland. Der Duty-Free-Verkauf ist der einzige Bereich im Einzelhandel in der EU, in dem es nicht zu deutlichen Wettbewerbsverzerrungen kommt.

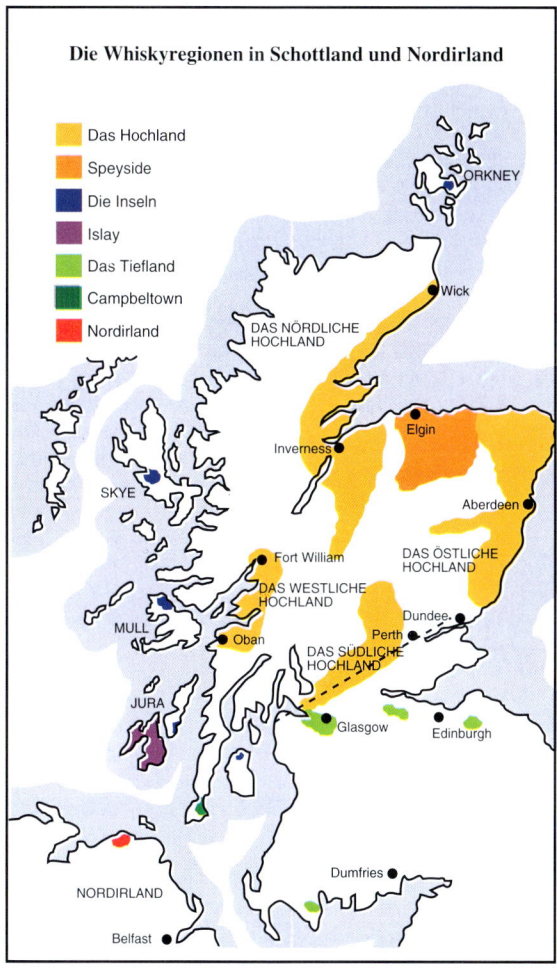

Die Whiskyregionen in Schottland und Nordirland

- Das Hochland
- Speyside
- Die Inseln
- Islay
- Das Tiefland
- Campbeltown
- Nordirland

ORKNEY

Wick

DAS NÖRDLICHE HOCHLAND

Elgin

Inverness

Aberdeen

SKYE

DAS ÖSTLICHE HOCHLAND

Fort William

DAS WESTLICHE HOCHLAND

MULL

Dundee

Perth

Oban

DAS SÜDLICHE HOCHLAND

JURA

Glasgow

Edinburgh

Dumfries

NORDIRLAND

Belfast

Solange die Aus-wirkungen der Abschaffung des Duty-Free-Handels nicht ausreichend untersucht sind, sollte diese wichtige Sparte des Handels (immerhin mit einem inner-gemeinschaftlichen Jahresumsatz von 9 Milliarden DM) unangetastet bleiben. In der Zwischenzeit wird die Scotch Whisky Association weiterhin den Duty-Free-Verkauf mit Kampfesgeist und Lobbyarbeit verteidigen.

Doch nun zu erfreulicheren Nachrichten: der Verkauf von Scotch im Ausland steigt weiterhin. Spanien hat sich zum größten europäischen Importeur gemausert und Frankreich überholt. Die Jahresumsätze in den USA, dem größten Importeur überhaupt, haben zum ersten Male die Grenze von 900 Millionen DM überschritten. Mahner haben beunruhigt vor der Stärke des Britischen Pfundes gewarnt, aber mit einer Steigerung des Umsatzes um 5 Prozent kann man sicher-lich mehr als zufrieden sein.

Whisky und Speisen

Als wir die 2. Auflage dieses Buches bei Claridges in London vorstellten, trafen wir uns zu einem 5-Gänge-Menü, wobei zu jedem Gang ein anderer Malt aus dem United Distillers Malt Cellar (dem Vorgänger der Classic Malts) gereicht wurde. Dies bestätigte mich in meiner Überzeugung, daß zu einem guten Essen ein guter Malt gehört. Während das Bouquet einiger Weine durch starke Gewürze und Zubereitungsarten überdeckt werden kann, kommt der kraftvolle Geschmack eines Single Malt Whisky immer noch zur Geltung und kann viele Speisen abrunden, ohne selbst zu verlieren. In Schottland sind die Malts aus der gleichen Region eine ideale Ergänzung zu den lokalen Spezialitäten. Letztendlich wurden beide unter den gleichen klimatischen Bedingungen entwickelt und hergestellt. Die Zugabe von Wasser weckt und verstärkt die versteckten Vorzüge des Malts - statt nur einfach das Aroma und den Geschmack zu verwässern. Hierdurch bietet sich eine bessere Begleitung zu Speisen an und kann dann im Glase mengenmäßig entsprechend einem Wein angeboten werden. Der spätere Sir Fitzroy Maclean trank nur Scotch und Wasser zu seinen üppigen Mahlzeiten, besonders wenn er sich des Weines nicht sicher war, und er klagte nie am nächsten Morgen über einen schweren Kopf.

In den Einführungen zu den Regionen habe ich jeweils Zusammenstellungen von Speisen und Malts vorgeschlagen, die sehr schön mit einander harmonieren. Betrachten Sie meine Vorschläge aber nur als Empfehlungen und verkosten Sie jeden Käse, insbesondere unsere eigenen Sorten aus Schottland, mit jedem Malt - wo immer es geht.

Whisky im Internet

Das Internet ist inzwischen ein Füllhorn verschiedenster Informationen über Scotch Whisky. So darf dann auch eine Auflistung der URLs mit ansprechenden Informationen zum Thema Whisky nicht fehlen. Diese Auswahl ist auf Seite 155, aber ich übernehme keine Verantwortung für deren Inhalt, aber beim letzten Durchsehen waren sie sehr informativ. Ohne Zweifel trägt das Internet dazu bei, Wissenswertes über Scotch zu verbreiten und es bietet weit von einander entfernten Enthusiasten die Möglichkeit, mittels dieses faszinierenden Mediums miteinander über Malt zu diskutieren.

Schließlich gilt mein Dank den Keepers of the Quaich, die auch diese neue Auflage unterstützt haben.

Wallace Milroy

London, im Mai 1998

ERLÄUTERUNG DER SYMBOLE

✉   Anschrift

☎   Telefonnummer

📠   Faxnummer

🕮   Besucherzentrum und Führungen

🎥   Audio-visuelle Erläuterungen

♿   Behindertengerechter Zugang

♿   Eingeschränkter behindertengerechter Zugang

🎁   Laden

🍷   Probierstube (Probenausschank)

🍶   Anzahl der wash stills

🍶   Anzahl der spirit stills

🛢   Herkunft der Fässer, bzw. Holzsorte für die

Lagerung

🏛   Art des Mälzens

ABKÜRZUNGEN

IWSC   International Wine and Spirit Competition

ROSPA   Royal Society for the Prevention of Accidents

ASVA   Association of Scottish Visitor Attractions

STB   Scottish Tourist Board

Brennereibesichtigung

NOCH nie waren die Brennereien Schottlands so gut für neugierige Touristen und informierte Fachbesucher gerüstet. Während des von meinem Ver-leger arrangierten Termins in der Glengoyne Brennerei für das Photo auf dem Umschlag war ich beeindruckt, wie professionell und wie infor-mativ eine spa-nische Gruppe durch die Brennerei geführt wurde. Von der audio-visuellen Ein-führung über die Brennereibesichtigung bis hin zum gut bestückten Laden wurde ihnen alles in ihrer Landessprache erklärt. Ein solche Beobachtung wäre 1980 un-denkbar gewesen, ist aber jetzt überall im Landes übliche Praxis.

Zahlreiche Brennereien haben beachtliche Investitionsmittel erhalten, um dem jahreszeitlichen Ansturm von Besuchern gewachsen zu sein und zählen heute zu den Höhepunkten einer Rundreise durch Schottland. Aber auch jeder, der sich für Whisky interessiert und eigentlich schon gut über dieses Thema in-formiert ist, sollte die Gelegenheit zu einem kleinen Auffrischungskurs nicht ver-streichen lassen, wenn er in die Nähe der unten aufgeführten Anschriften kommt. Selbst die abseits gelegenen Brennereien werden einen kleinen Will-kommenstrunk, vielleicht eine kleine Ausstellung oder eine Videovorführung in einem Nebenraum anbieten. Auf jeden Fall aber kann man ein herzliches Will-kommen erwarten, so daß man sich durch das Fehlen eines Besucherzentrums nicht von einem Hereinschauen abbringen lassen sollte. Die Mitarbeiter der schottischen Brennereien sind immer eifrig bemüht, ihr eigenes Produkt anzu-preisen. Selbst die abgelegene Caol Ila Brennerei auf Islay, malerisch am Sound of Islay gelegen, betreut jährlich mehr als 2.000 Besucher. Tomatin die größte Brennerei Schottlands zählt gut 70.000 Besucher pro Jahr, während es Edradour, die wohl kleinste Brennerei, auf die stolze Zahl von 100.000 Besuchern bringt. Ungeschlagen ist aber noch immer Glenturret bei Crieff, die 1996 exakt 228.416 Gäste hatte.

Eine weiter Hauptattraktion ist die am Speyside Malt Whisky Trail gelegene Böttcherei Speyside Cooperage, Dufftown Road, Craigallachie AB38 9RS, Tel: 0044 - 1340-871180, Fax: 0044 - 1340 - 881303. Geöffnet ganzjährig Montag bis Freitag von 9.30 bis 16.30 Uhr; von Juni bis September ist auch am Samstag zur gleichen Zeit geöffnet. Eine Präsentation per Multimedia ist dieses Jahr er-öffnet worden, während eine Probierstube bei Drucklegung dieses Buches gerade eingerichtet wird. Eintritt für Erwachsene £2.25, Kinder und Erwachsene mit Ermäßigung £1.75.

Wie bereits in der letzten Auflage folgen nun die Firmen und Brennereien, die Besucherzentren haben; weitere Einzelheiten können jeweils unter der entsprechenden Präsentation der einzelnen Brennereien nachgelesen werden. Brennereien des Malt Whisky Trails sind mit einem Sternchen gekennzeichnet.

ALLIED DISTILLERS LTD

Ein Unternehmen, das in den letzten Jahren einige Veränderungen erfuhr und nun zur spanischen Domecq Gruppe gehört. Allied hat - wie einige andere Unternehmen auch - noch reichlich Nachholbedarf bei Investitionen in die Be-sucherzentren.

Region	Brennerei	Seite
Speyside	Glendronach	39
Das Östliche Hochland	Glencadam	83
Islay	Laphroaig	115

BEN NEVIS DISTILLERY (Fort William) LTD

Die japanischen Eigentümer haben durch großzügige Investitionen hier an der Westküste ein sehr schönes Besucherzentrum geschaffen, das jährlich gut 30.000 Besucher anlockt.

Region	Brennerei	Seite
Das Westliche Hochland	Ben Nevis	95

BURN STEWART DISTILLERS PLC

Tobermory hat inzwischen jährlich gut 8.000 Besucher. Die Brennerei liegt direkt am Eingang zum Hafen.

Region	Brennerei	Seite
Die Inseln	Tobermory	129

CAMPBELL DISTILLERS LTD

Dieses in französischem Besitz befindliche Unternehmen vermarktet erfolgreich Edradours Charme als die kleinste der Brennereien, malerisch gelegen in den Hügeln oberhalb von Pitlochry.

Region	Brennerei	Seite
Das Südliche Hochland	Edradour	89

CO-ORDINATED DEVELOPMENT SERVICES LTD.

In Bladnoch wird wieder produziert; Besucher willkommen.

Region	Brennerei	Seite
Das Tiefland	Bladnoch	100

GLENMORANGIE PLC

Auf keinen Fall darf man die in einem wunderbaren Landstrich von Eastern Ross gelegene Glenmorangie Brennerei auslassen. Die kürzliche Übernahme von Ardbeg hat dem Unternehmen dort ein Besucherzentrum beschert. Es ist ein netter kurzer Fußmarsch nach einer Besichtigung von Laphroaig!

Region	Brennerei	Seite
Das Nördliche Hochland	Glenmorangie	76
Islay	Ardbeg	108

HIGHLAND DISTILLERS

Die Zusammenschlüsse und Aufkäufe der letzten Jahre haben zwar die Zahl der Brennereien im Besitz des Unternehmens erweitert, aber trotzdem werden momentan nur 2 Besucherzentren betrieben, darunter allerdings Glenturret mit den meisten Besuchern.

Region	Brennerei	Seite
Das Südliche Hochland	Glenturret	91
Die Inseln	Highland Park	125

HISTORIC SCOTLAND

Kein Whiskyproduzent im eigentlichen Sinne, aber durch einen 30-Jahre-Pachtvertrag für die Dallas Dhu Brennerei ist Historic Scotland sehr in die Vermarktung dieses Industriemuseums engagiert. Der Betrieb in ihrer Obhut ist vollständig erhalten und steht jetzt unter Denkmalschutz. Auch wenn diese Brennerei nicht mehr betrieben wird, kann ein Besuch dort stets empfohlen wer-den. Das letzte Faß, gebrannt 1983, gelangt nun in den Verkauf.

Region	Brennerei	Seite
Speyside	Dallas Dhu*	30

IRISH DISTILLERS LTD

Wenngleich nun völlig in französichem Besitz - aber im Whiskey weiterhin eindeutig irisch - bietet dieses Unternehmen auch künftig allen Besuchern einen angenehmen Aufenthalt in der ältesten legalen Brennerei des United Kingdom, in der an der herrlichen Küste von Co Antrim gelegenen Brennerei Old Bushmills.

Region	Brennerei	Seite
Nordirland	Old Bushmills	131

ISLE OF ARRAN DISTILLERS LTD

Im Eröffnungsjahr fanden bereits 40.000 Besucher den Weg zum neuen Besucherzentrum in Lochranza. Das Fernziel von 100.000 Gästen soll durch attrak-tive Angebote erreicht werden.

Region	Brennerei	Seite
Die Inseln	Isle of Arran	124

JIM BEAM BRANDS (GREATER EUROPE) PLC

Das in Glasgow beheimatete Unternehmen eines amerikanischen Konzerns konzentriert sich auf das Besucherzentrum im Osten und hat derzeit keinerlei Pläne für Investitionen bei den anderen Brennereien.

Region	Brennerei	Seite
Das Östliche Hochland	Fettercairn	84

J&G GRANT

Ein Pflichtziel bei einer Reise durch die Region Speyside, und sei's nur aufgrund der Tatsache, daß diese Brennerei noch immer in Familienbesitz ist und wohl auch bleiben wird.

Region	Brennerei	Seite
Speyside	Glenfarclas*	42

LANG BROS LTD

Dieses schon lange bestehende Unternehmen, eng assoziiert mit Highland Distillers, betreibt im Bereich Glasgow eine schon aufgrund der Lage unterhalb der Campsie Fells hervorragend für einen Besuch geeignete Brennerei. Das Besucherzentrum ist inzwischen das Jahr hindurch geöffnet.

Region	Brennerei	Seite
Das Südliche Hochland	Glengoyne	90

THE MACALLAN DISTILLERS LTD

Mit nur einer Brennerei im Besitz der Gesellschaft wurde in weiser Voraussicht das Verwaltungsgebäude in Easter Elchies, Craigellachie, renoviert und so werden Sie auch nicht enttäuscht sein, wenn Sie zu den Glücklichen gehören, die diesen wunderbaren Whisky am Orte seiner Geburt verkosten dürfen.

Region	Brennerei	Seite
Speyside	Macallan	55

MORRISON BOWMORE DISTILLERS LTD

Ein ansprechender Verkaufsraum und eine wundervolle landschaftliche Lage machen den Besuch zu einem unvergeßlichen Erlebnis. Wenngleich Islay nicht sehr verkehrsgünstig gelegen ist, so bleibt all denen, die eine lange Auto- und Fährreise scheuen, immer noch die Möglichkeit des Fluges - Reisezeit 30 Mi-nuten ab Glasgow.

Region	Brennerei	Seite
Islay	Bowmore	109

SEAGRAM DISTILLERS

Nachdem ihr 5-Jahres-Programm zum Erhalt des geschichtlichen Erbes jetzt nahezu abgeschlossen ist, haben Seagram ihre Bemühungen auf die Speyside Brennereien verlegt und zentrieren alle Kraft jetzt auf Projekte und Restaurationsarbeiten, die im direkten Bezug zur Tradition des Herstellens von Whisky stehen. Mit der Schaffung eines Besucherzentrums in historischer Umgebung bei Strathisla, der Restaurierung des Linn House in Keith und der Glen Grant Gardens in Rothes wurde Erstaunliches geschaffen.

Region	Brennerei	Seite
Speyside	Glen Keith	34

Region	Brennerei	Seite
	Glen Grant*	33
	Glenlivet*	45
	Strathisla*	62

TOMATIN DISTILLERY CO LTD

Der Teilausbau des Besucherzentrums hat eine signifikante Steigerung an Besuchern gebracht, die einen Blick in die größte Brennerei Schottlands werfen möchten.

Region	Brennerei	Seite
Das Nördliche Hochland	Tomatin	80

UNITED DISTILLERS & VINTNERS

Nach der Verschmelzung von Grand Met und Guinness hat das neue Unternehmen seine Position als größter Produzent von Malt Whisky gefestigt. Darin eingebunden ist auch der Whiskyindustrie größte Gruppe an Besucherzentrum.

Region	Brennerei	Seite
Speyside	Cardhu*	26
	Cragganmore	27
Das Nördliche Hochland	Clynelish	71
	Dalwhinnie	73
	Glen Ord	75
Das Östliche Hochland	Royal Lochnagar	85
Das Südliche Hochland	Blair Athol	87
Das Westliche Hochland	Oban	96
Das Tiefland	Glenkinchie	101
Islay	Lagavulin	114
Die Inseln	Talisker	128

WILLIAM GRANT & SONS LTD

Obgleich nunmehr drei Brennereien in Dufftown betrieben werden, reicht dem Unternehmen ein gut aufgezogenes Besucherzentrum. Es befindet sich vorwiegend um Glenfiddich herum, so daß Kininvie und Balvenie im Hintergrund bleiben. Dufftown ist ein geeigneter Ort, um ein Gefühl für die Vielzahl an Brennereien im Schottland der spätvictorianischen Blütezeit zu bekommen.

Region	Brennerei	Seite
Speyside	Glenfiddich*	43

WILLIAM LAWSON DISTILLERS LTD

Während der Drucklegung dieser Auflage fehlte noch die Zustimmung der EU und des FTC für den Verkauf der Marke Dewar's und die hieran gebundenen Brennkapazitäten bei Craigallachie, Aultmore, Royal Brackla und Aberfeldy an Bacardi. Unter der Voraussetzung, daß dieser Besitzerwechsel zustande kom-men wird, führe ich allein die Brennerei auf, die bei dem Vorbesitzer UDV für Besucher geöffnet war.

Region	Brennerei	Seite
Das Südliche Hochland	Aberfeldy	86

Speyside

FÜR viele Whiskyliebhaber ist Malt Whisky meist fest mit dem Begriff Speyside verbunden, aber das ist nur die halbe Geschichte. Die Ausstrahlungskraft diese Begriffes wird dadurch deutlich, daß viele Brennereien bei der Nennung des Ortes ihres Ursprungs sich selber dem Gebiet Speyside zuordnen, auch wenn sie teilweise weit vom River Spey entfernt produzieren.

Der River Livet hat ebenfalls unter diesem zweideutigen Lob gelitten, denn im Laufe der Jahre behaupteten viele Brenner (nicht nur echte Produzenten aus dem Bereiche Speyside), einen "Glenlivet" herzustellen. Hierbei wurden genau genomm sowohl die geographischen Grenzen wie auch die Geduld der Eigentümer der Brennerei The Glenlivet über Gebühr strapaziert. In den vergangenen zwei Jahrhunderten stand der Hinweis "Speyside" für gute Qualität und er hat auch heute noch dieselbe Aussagekraft.

Der Handel hat immer dazu geneigt, die bestehenden Brennereien in diesem Gebiet einfach als "Speyside" Brennereien anzusehen. Zur Vereinfachung habe ich diese Einteilung für den vorliegenden Almanach übernommen. Wie aus der nachfolgenden Karte ersichtlich, gibt es das "Goldene Dreieck" tatsächlich. Es erstreckt sich von Elgin über Banff bis nach Dufftown, der Wiege der Brennkunst im Bereiche des River Spey. In diesem Dreieck befindet sich der Welt größte Ansammlung an technischem Gerät zum Herstellen von Whisky. Um die Ausstrahlung dieser Gegend richtig genießen zu können, bedarf es des Verständnisses für die Bedeutung und der Geheimnisse des Whiskybrennens in den Highlands. Der Erfolg der Speyside Brennereien und die heutige Verbreitung dieser Malts beruht auf der Arbeit der alten Schwarzbrenner. Zum Ausklang des 18. Jahrhunderts war der Bedarf an Highland Whisky so groß, daß auch die "geschützten" Märkte im Lowland von der besseren Qualität des geschmuggelten Malts der Schwarzbrenner unterlaufen wurden. Die Regierung erkannte, daß ein lukratives legales Brennen der beste Weg zur Eindämmung des Schwarzbrennens ist und trug dieser Erkenntnis 1823 in einem Gesetz (Act of Parliament) Rechnung. Die Anwohner der Speyside blieben jedoch skeptisch und begannen die neuen Gesetze erst anzunehmen, nach dem George Smith, der eine Brennerei in Glenlivet betrieb, als Vorreiter ab 1824 legal Whisky brannte.

Aus der weisen Entscheidung von G.Smith entwickelte sich am Spey eine Industrie mit auch heute noch 40 produzierenden Brennereien.

Die kürzliche Verschmelzung von Grand Met und Guinness zum neuen Unternehmen Diageo hat wieder einmal dazu geführt, daß weitere Brennereien un-

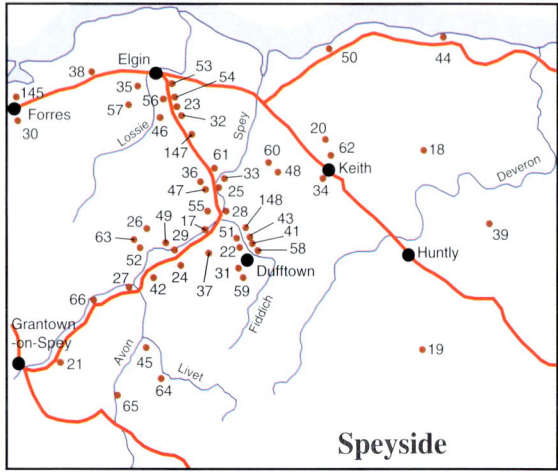

Elgin
Forres
Keith
Huntly
Dufftown
Grantown
-on-Spey

Speyside

ORDNUNGSZAHL DER BRENNEREI ENTSPRICHT DER SEITENZAHL

ter das Dach einer Gesellschaft kommen. Einerseits kann man nun einwenden, dies sei nicht gut für die Industrie, denn es erlaubt weitere Straffungen der Kapa-zitäten. Andererseits hat die Fusion aber auch zum Verkauf von vier Brennereien, davon zwei aus dem den Bereich Speyside, geführt. Craigallachie und Aultmore werden gerade von Bacardi übernommen, was sicherlich den langfristigen Erhalt dieser Betriebe garantiert. Andere Brennereien haben ebenfalls den Besitzer ge-wechselt, darunter Balmenach, die nun zu Inver House Distillers gehören. Diese Entwicklungen können nur gut für die Erhaltung eines gesunden, vielfältigen Whiskymarkt in Schottland sein.

Dem aufmerksamen Leser wird nicht entgangen sein, daß ich auch dieses Mal Allt À Bhainne, Braes of Glenlivet und Strathmill nicht aufgeführt habe, da diese Sorten nur schwer erhältlich sind. Ich werde sie aber in der nächsten Auflage berücksichtigen können, da nun auch Abfüllungen dieser Sorten auf den Markt gelangen sollen. Kinivie in Dufftown produziert bereits seit einigen Jahren und ich konnte auf Seite 51 einen Fünfjährigen unter die Lupe nehmen.

Empfehlungen für Speisen

Die große Vielfalt der Speyside Malts harmoniert recht gut mit Geflügel, Fruit Cakes und englischem Pudding (Anmerkung: nicht zu verwechseln mit den deutschen Süßspeisen!). Hier nun drei Malts, die jeweils einer Kategorie besonders zugeordnet wer-den; alle Zusammenstellungen sind köstlich.

Glen Grant, 10 Jahre alt, zu Perlhuhn, gefüllt mit Apfel, Pfirsich und Lauch
Knockando zu einer Kasserole vom Wildschwein.
Macallan, 10 Jahre alt, zu Christmas Pudding.

MALT	**Aberlour**
✉	ABERLOUR, Banffshire AB38 9PJ
☎	0044-1340-871204/285
📠	0044-1340-871729
MANAGER	Alan J. Winchester
EIGENTÜMER	Campbell Distillers Ltd
STATUS	In Betrieb
GRÜNDUNG	1826, umgebaut 1879
WASSER	St Drostan's Well
🛢	Ex-Bourbon und Sherry
⌂	2
⌂	2

Besichtigung nur bei Voranmeldung möglich.

ALTER BEI ABFÜLLUNG	10 Jahre
ALKOHOLGEHALT	40, 43 & 57.1 Vol%
SONDERABFÜLLUNGEN	15 Jahre Sherry Finish; 100 proof @ 57.1 Vol%; 21 Jahre Sherryfaß; Aberlour á Bunadh (ungefiltert, Faßstärke)
EXPORTABFÜLLUNGEN	Antique @ 43 Vol%; 15 Jahre Mary Queen of Scots; 21 Jahre Sherrywood-matured Special Reserve

VERKOSTUNG	10 Jahre, 43%
DUFT	Voll und kräftig mit einem Anflug von Sherry und einer Süße von Heide und Honig. Ein delikater Hauch von Rauch.
GESCHMACK	Elegant, mittelschwer, weich, ausgeglichen, endet klar und weich mit einem erfrischenden Abgang.
ANMERKUNGEN	Ein hervorragender Malt. Dreimaliger Gewinner der Goldmedaille bei der IWSC.

MALT		**An Cnoc**
BRENNEREI		Knockdhu
	✉	KNOCK, Aberdeenshire AB5 5LJ
	☎	0044-1466-771223
	🖷	0044-1466-771359
MANAGER		Stanley Harrower
EIGENTÜMER		Knockdhu Distillery Co., Ltd.
STATUS		In Betrieb
GRÜNDUNG		1893-4
WASSER		Fünf Quellen auf dem Knock Hill
	🛢	Hogsheads
	🍾	1
	🥃	1

ALTER BEI ABFÜLLUNG	12 Jahre
ALKOHOLGEHALT	40 Vol%

VERKOSTUNG

DUFT	Charakteristisch-weiches Aroma mit einem Hauch von Rauch.
GESCHMACK	Sehr angenehm mit einer fruchtigen, an Pfirsich erinnernde Milde und einem langen Abgang.
ANMERKUNGEN	Ausgezeichneter Malt zu jedem Anlaß. Diese Brennerei war der erste Zukauf von The Distillers Co. zur Versorgung des Unternehmens mit eigenem Malt. Früher unter dem Namen Knockdhu vertrieben.

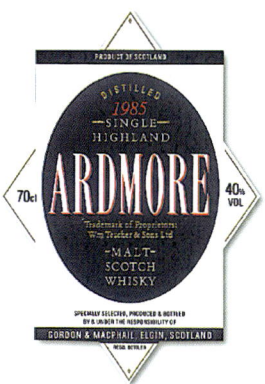

MALT	**Ardmore**
	✉ KENNETHMONT, Aberdeenshire AB54 4NH
	☎ 0044-1464-831213
	🖷 0044-1464-831428
MANAGER	Calcott Innes Harper
EIGENTÜMER	Allied Distillers Ltd
STATUS	In Betrieb
GRÜNDUNG	1899
WASSER	Quellen am Knockandy Hill
	🛢 Ex-Bourbon
	♨ 4
	♨ 4

VERKOSTUNG	1981, 40 Vol%
DUFT	Leicht.
GESCHMACK	Kräftig, süß und malzig, angenehm frischer Abgang.
ANMERKUNGEN	Digestif. Gelegentlich bringt Wm.Teacher eine limitierte Abfüllung mit 15 Jahren und 45,7 Vol% heraus. Siehe Seite 153-154.

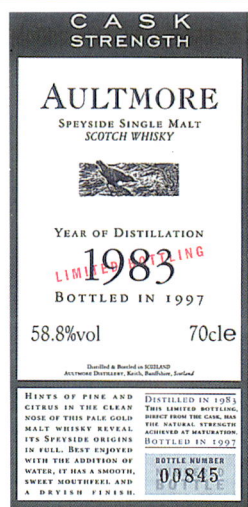

MALT	**Aultmore**
	✉ KEITH, Banffshire AB55 6QY
	☎ 0044-1542-882762
	🖶 0044-1542-886467
MANAGER	Jim Riddell
EIGENTÜMER	William Lawson Distillers Ltd
STATUS	In Betrieb
GRÜNDUNG	1897
WASSER	Auchinderran Burn
	🛢 Ex-Bourbon
	🍾 2
	🍶 2

ALTER BEI ABFÜLLUNG	12 Jahre
ALKOHOLGEHALT	43 Vol%
SONDERABFÜLLUNGEN	1983 @ 58.8 Vol%

VERKOSTUNG

DUFT	Angenehm frisches Aroma mit einem Hauch von Süße und einer Spur von Torf.
GESCHMACK	Weich, gut abgerundet, leicht fruchtig. Leichter und erwärmender Abgang.
ANMERKUNGEN	Als Originalabfüllung erhältlich, gut geeignet als Digestif.

MALT	**Balmenach**
⊠	Cromdale, GRANTOWN-ON-SPEY, Morayshire PH26 3PF
☎	0044-1479-872569
MANAGER	Graeme Hutcheon
EIGENTÜMER	Inver House Distillers Ltd
STATUS	In Betrieb
GRÜNDUNG	ca. 1824
WASSER	Cromdale Burn
🛢	Ex-Bourbon
♨	3
♨	3

ALTER BEI ABFÜLLUNG	12 Jahre
ALKOHOLGEHALT	43 Vol%

VERKOSTUNG

DUFT	Leicht, ansprechend, süß, nußiges Aroma mit blumigem Unterton und einem Hauch von Rauch.
GESCHMACK	Vollmundig, geht über in einen langsamen Abgang mit den Geschmacksnoten Honig, Nuß und Vanille.
ANMERKUNGEN	Wohl ausbalanziertes, ansprechendes Getränk.

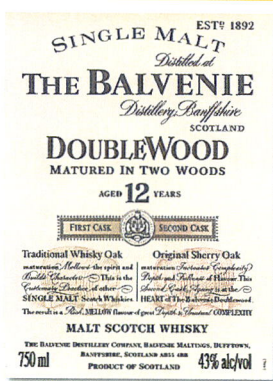

MALT	**The Balvenie**
✉	Dufftown, KEITH, Banffshire AB55 4DH
☎	0044-1340-820373
🖷	0044-1340-820805
MANAGER	Bill White
EIGENTÜMER	Wm Grant & Sons Ltd
STATUS	In Betrieb
GRÜNDUNG	1892
WASSER	Die Robbie Dubh Quellen
🛢	Ex-Bourbon und Sherry
⌂	Tennenmälzen (floor maltings)
🍶	4
🍶	4

ALTER BEI ABFÜLLUNG	10, 12, 15 & 21 Jahre
ALKOHOLGEHALT	10, 12 & 21 Jahre : 40%; 15 Jahre : 50%
SONDERABFÜLLUNGEN	Double Wood: 12 Jahre; Single Barrel: 15 Jahre; Port Wood Finish: 21 Jahre

VERKOSTUNG	12 Jahre, Double Wood
DUFT	Exzellentes, gut ausgeprägtes Aroma..
GESCHMACK	Kräftiges, charakteristisches Aroma. Fast ein Liqueur mit angenehmen Abgang, dessen Süße an Honig erinnert.
ANMERKUNGEN	Digestif für Maltkenner. Der Double Wood reift in zwei Holzsorten: normale Eiche und danach im Sherryfaß. Der Single Barrel wird aus nur einem Faß abgefüllt. Hieraus resultiert eine begrenzte Flaschenzahl von nicht mehr als 300 handnumerierten Flaschen je Faß.

BENRIACH DISTILLERY
EST. 1898
A SINGLE
PURE HIGHLAND MALT
Scotch Whisky

Benriach Distillery, in the heart of the Highlands,
still malts its own barley. The resulting whisky has
a unique and attractive delicacy

PRODUCED AND BOTTLED BY THE

BENRIACH
DISTILLERY CO
ELGIN, MORAYSHIRE, SCOTLAND, IV30 3SJ
Distilled and Bottled in Scotland

AGED 10 YEARS

70 cl ℮ 43% vol

MALT	**Benriach**
✉	Longmorn, ELGIN, Morayshire IV30 3SJ
☏	0044-1542-783400
🖷	0044-1542-783404
MANAGER	Bob MacPherson
EIGENTÜMER	Seagram Distillers
STATUS	In Betrieb
GRÜNDUNG	1898, geschlossen 1900, wieder eröffnet 1965.
WASSER	Örtliche Quellen
🛢	Ex-Bourbon
♨	Tennenmälzen (floor maltings)
⚗	2
⚗	2

ALTER BEI ABFÜLLUNG	10 Jahre
ALKOHOLGEHALT	43 Vol%

VERKOSTUNG

DUFT	Leicht, süß, fein, leicht fruchtig.
GESCHMACK	Mittelschwerer Körper mit feiner Mischung von Johannisbeere und Torf. Zarter, trockener Abgang.
ANMERKUNGEN	Ein Malt der Heritage Selction von Chivas; jetzt in neuer Aufmachung.

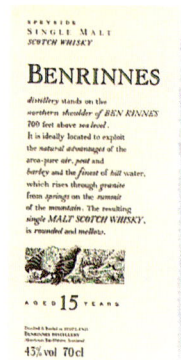

MALT	**Benrinnes**
✉	ABERLOUR, Banffshire AB38 9NN
☏	0044-1340-871215
🖶	0044-1340-871840
MANAGER	Alan Barclay
EIGENTÜMER	UDV
STATUS	In Betrieb
GRÜNDUNG	ca. 1835
WASSER	Rowantree Burn & Scurran Burn
🛢	Ex-Bourbon
⚗	2
⚗	2

AUSZEICHNUNGEN	ROSPA Health & Safety Gold Award 1997

ALTER BEI ABFÜLLUNG	15 Jahre
ALKOHOLGEHALT	43%
SONDERABFÜLLUNGEN	1980 @ 61 Vol%; 1974 @ 60.4 Vol%. Rare Malts Selection

---

VERKOSTUNG	
DUFT	Angenehmes, süßes und blumiges Aroma.
GESCHMACK	Kräftig, ansprechend, zarter Hauch von Brombeer-Aroma. Liqueur-artiger Malt, bei dem ein klarer frischer Ge-schmack verbleibt.
ANMERKUNGEN	Ausgezeichnet als Digestif geeignet.

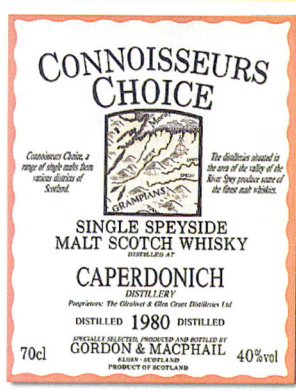

MALT	**Caperdonich**
✉	ROTHES, Morayshire AB38 7BS
☎	0044-1542-783300
MANAGER	Willie Mearns
EIGENTÜMER	Seagram Distillers
STATUS	In Betrieb
GRÜNDUNG	1898, geschlossen 1902, wieder eröffnet 1965.
WASSER	The Caperdonich Burn
🛢	Ex-Bourbon und Sherry
♂	2
♀	2

ALTER BEI ABFÜLLUNG	1980
ALKOHOLGEHALT	40 Vol%

VERKOSTUNG	
DUFT	Leichter, sehr zarter Duft nach Torf.
GESCHMACK	Mittel, leichter Hauch von Frucht mit einem zarten, leicht rauchigen Abgang.
ANMERKUNGEN	Die Brennerei wird nur durch die Strasse von Glen Grant getrennt und heißt daher auch Glen Grant No 2. Siehe Seite 153-154.

MALT		**Cardhu**
		(Kar-dú)
	✉	ABERLOUR, Banffshire AB38 7RY
	☎	0044-1340-810204
	🖷	0044-1340-810491
MANAGER		Charlie Smith
EIGENTÜMER		UDV
STATUS		In Betrieb
GRÜNDUNG		1824
WASSER		Quellen am Mannoch Hill und der Lyne Burn
	🛢	Ex-Bourbon und Sherry
	🍷	3
	🍷	3

🏭		⌖🚶
	☎	0044-1340-810204
	🖷	0044-1340-810491
		März - Nov.: Mo-Fr: 09.30-16.30. Ostern - Sept.: Sa: 09.30-16.30. Juli - Sept.: So: 11.00-16.00. Dez. - Feb. nach Anmeldung. Gruppen nur nach Anmeldung. Eintritt wird beim Einkauf verrechnet.
BESUCHER		16.000 pro Jahr

ALTER BEI ABFÜLLUNG	12 Jahre
ALKOHOLGEHALT	40 Vol%

VERKOSTUNG	
DUFT	Ein Hauch von Süße und Frucht mit einem ausgezeichneten, zarten, leicht rauchigen Bukett.
GESCHMACK	Weich, mit einem leichten Anflug von Apfel und Nuß. Lang anhaltender Abgang. Anklänge von Süße.
ANMERKUNGEN	Ein guter Digestif. Inzwischen einer der beliebtesten Malts von UDV.

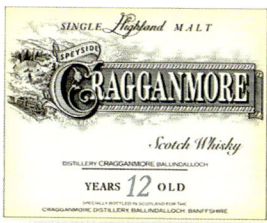

MALT		**Cragganmore**
	✉	BALLINDALLOCH, Banffshire AB37 9AB
	☎	0044-1807-500202
	🖶	0044-1807-500288
MANAGER		Mike Gunn
EIGENTÜMER		UDV
STATUS		In Betrieb
GRÜNDUNG		1869
WASSER		The Craggan Burn
	🛢	Ex-Bourbon
	⚗	2
	⚗	2

	☎	0044-1807-500202
	🖶	0044-1807-500288
		Besucher nur nach Anmeldung.
BESUCHER		2.000 pro Jahr

ALTER BEI ABFÜLLUNG	12 Jahre
ALKOHOLGEHALT	40 Vol%
SONDERABFÜLLUNGEN	1978 @ 60.1 Vol% ; Distillers Edition, 1984

VERKOSTUNG	
DUFT	Leichtes, liebliches Honigaroma mit trockenem Einschlag.
GESCHMACK	Feines, wohl abgerundetes Destillat, recht kräftig mit malzigem Raucharoma, schneller Abgang.
ANMERKUNGEN	Gehört zum Sortiment der Classic Malts von UDV.

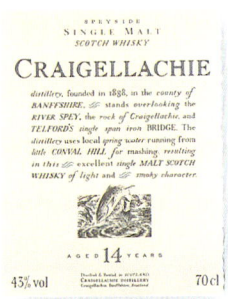

SPEYSIDE
SINGLE MALT
SCOTCH WHISKY

CRAIGELLACHIE

distillery, founded in 1888, in the county of BANFFSHIRE, stands overlooking the RIVER SPEY, the rock of Craigellachie, and TELFORD'S single span iron BRIDGE. The distillery uses local spring water running from little CONAL HILL for mashing, resulting in this excellent single MALT SCOTCH WHISKY of light and smoky character.

AGED 14 YEARS

43% vol   70cl

MALT	**Craigellachie**
	Craigellachie, ABERLOUR, Banffshire AB38 9ST
☎	0044-1340-881212/881228
🖷	0044-1340-881311
MANAGER	Charlie Smith
EIGENTÜMER	William Lawson Distillers Ltd
STATUS	In Betrieb
GRÜNDUNG	1891
WASSER	Quelle am Berg Little Conval.
🛢	Ex-Bourbon
⚗	2
⚗	2

Ganzjährig geöffnet, Mo-Fr, nur nach Anmeldung.

ALTER BEI ABFÜLLUNG	14 Jahre
ALKOHOLGEHALT	43 Vol%
SONDERABFÜLLUNGEN	16 Jahre @ 59.3 Vol%; 22 Jahre @ 60.2 Vol%; Rare Malts Selection

VERKOSTUNG	
DUFT	Scharf, rauchiges Torfaroma.
GESCHMACK	Leichter Körper, rauchig. Im Geschmack ausdrucksvoller als das Bukett vorab erwarten läßt. Gut, anhaltend charaktervoll.
ANMERKUNGEN	Ein interessanter Digestif.

MALT	**Dailuaine**
	(Dal-yú-en)
✉	Carron, ABERLOUR, Banffshire AB38 7RE
☏	0044-1340-810361
🖷	0044-1340-872504
MANAGER	Alan Barclay
EIGENTÜMER	UDV
STATUS	In Betrieb
GRÜNDUNG	1851
WASSER	Bailliemullich Burn
🛢	Ex-Bourbon
🍷	3
🍷	3

ALTER BEI ABFÜLLUNG	16 Jahre
ALKOHOLGEHALT	43 Vol%
SONDERABFÜLLUNGEN	22 Jahre @ 60.9 Vol%; 17 Jahre @ 63 Vol%

VERKOSTUNG	22 Jahre, 60.9 Vol%
DUFT	Volles, kräftiges, fruchtiges Aroma, im Hintergrund Spuren von Geißblatt.
GESCHMACK	Voll im Aroma, das sich durch eine kräftige, trockne Süße auszeichnet
ANMERKUNGEN	Ein ausgezeichneter Digestif aus der Rare Malts Selection von UDV.

MALT	**Dallas Dhu**
	(Dallas dú)
✉	Mannachie Road, FORRES, Morayshire IV36 0RR
EIGENTÜMER	UDV, verwaltet von Historic Scotland.
STATUS	1983 geschlossen, ist aber betriebsbereit.
GRÜNDUNG	1899. Außer Betrieb.
WASSER	Altyre Burn
	Ex-Bourbon und Sherry
	1
	1

🏭	⚙♥▣♿
☎	0044-1309-676548
	April - Sept.: 09.30-18.30, letzte Führung : 18.00. So:
	14.00-18.30. Okt. - März : 09.30-16.30, letzte
	Führung: 16.00. So: 14.00-18.30; geschlossen Do.
	nachm. und Fr.
BESUCHER	18.000 pro Jahr

ALTER BEI ABFÜLLUNG	21 Jahre
ALKOHOLGEHALT	61.9 Vol%
SONDERABFÜLLUNGEN	Letztes Faß, destilliert 1983, ist jetzt abgefüllt : £195 / Flasche.

VERKOSTUNG	24 Jahre, 59.9 Vol%
DUFT	Kräftig und voll, verwoben mit Eiche, Rauch, Süße und Malz.
GESCHMACK	Kräftig, voll, klebrig und malzig in voller Harmonie. Sehr angenehmer Abgang mit störendem Hauch von Eiche.
ANMERKUNGEN	Erfolgreiches „Lebendes Museum" unter der Führung von Historic Scotland. Ein außergewöhnlicher Tropfen. In der Rare Malts Selection von UDV in verschiedenen Altersstufen und Alkoholgehalten erhältlich. Ein Spritzer Wasser ist angebracht.

RARE MALTS
S E L E C T I O N

Each individual vintage has been specially selected from Scotland's finest single malt stocks of rare or now silent distilleries. The limited bottlings of these scarce and unique whiskies are at natural cask strength for the enjoyment of the true connoisseur.

NATURAL CASK STRENGTH
SINGLE MALT
SCOTCH WHISKY

AGED **21** YEARS

DISTILLED 1975

DUFFTOWN-GLENLIVET
DISTILLERY
ESTABLISHED 1896
DUFFTOWN, BANFFSHIRE

54.8%vol 70cle

PRODUCED AND BOTTLED IN SCOTLAND
LIMITED EDITION

BOTTLE
SEPTEMBER 1997   N° 5250

MALT	**Dufftown**
✉	Dufftown, KEITH, Banffshire AB55 4BR
☎	0044-1340-820224
🖷	0044-1340-820060
MANAGER	Steve McGingle
EIGENTÜMER	UDV
STATUS	In Betrieb
GRÜNDUNG	1896
WASSER	Jock's Well in den Conval Hills
🛢	Ex-Bourbon
🍶	3
🍶	3

ALTER BEI ABFÜLLUNG	15 Jahre
ALKOHOLGEHALT	43 Vol%
SONDERABFÜLLUNGEN	1975 @ 54.8 Vol% Rare Malts Selection

VERKOSTUNG

DUFT	Leichtes, blumiges, angenehmes Aroma mit einem Anflug von Frucht.
GESCHMACK	Weicher, abgerundeter, fruchtiger Geschmack, der angenehm auf der Zuge vergeht. Hervorragender, voller Ab-gang.
ANMERKUNGEN	Aperitif.

MALT	**Glen Elgin**
✉	Longmorn, ELGIN, Morayshire IV30 3SL
☎	0044-1343-860212
📠	0044-1343-862077
MANAGER	Ian Millar
EIGENTÜMER	UDV
STATUS	In Betrieb
GRÜNDUNG	1900
WASSER	Örtliche Quellen nahe dem Milbuies Loch
🛢	Ex-Bourbon
🍶	4
🍶	3

ALTER BEI ABFÜLLUNG	1968
ALKOHOLGEHALT	40 Vol%
SONDERABFÜLLUNGEN	1976 @ 46.3 Vol%

VERKOSTUNG

DUFT   Angenehmes Aroma von Torf, Heide und Honig.

GESCHMACK   Mittelkräftiger Anflug von Heidehonig mit einem
              Hauch von Rauch. Angenehmer Abgang.

ANMERKUNGEN   Ein hervorragender, abgerundeter Malt. Ein gutes Ge-
              tränk für jede Tageszeit.

MALT	**Glen Grant**
✉	ROTHES, Morayshire AB38 7BS
☎	0044-1542-783300
📠	0044-1542-783306
MANAGER	Willie Mearns
EIGENTÜMER	Seagram Distillers
STATUS	In Betrieb
GRÜNDUNG	1840
WASSER	The Caperdonich Well
🛢	Ex-Bourbon und Sherry
♠	4
♠	4

🏭	
☎	0044-1542-783318
📠	0044-1542-783304
	Mitte März - Mai: Mo-Sa: 10.00-16.00; So: 11.30-16.00. Juni - Sept.: Mo-Sa: 10.00-17.00; So: 11.30-17.00. Okt.: Mo-Sa: 10.00-16.00; So: 11.30-16.00. Gruppen nach Anmeldung. Eintritt wird bei Einkauf verrechnet.
BESONDERHEITEN	The Victorian Glen Grant Garden
BESUCHER	21.000 pro Jahr

ALTER BEI ABFÜLLUNG	10 Jahre
ALKOHOLGEHALT	40 Vol%
EXPORTABFÜLLUNGEN	43 Vol%

VERKOSTUNG	
DUFT	Leichtes, trockenes Aroma. Leicht astringierend.
GESCHMACK	Trocken, auf dem Gaumen leichte Spur von Frucht.
ANMERKUNGEN	Ein guter Malt - ideal als Aperitif. Sehr beliebt in Europa.

MALT		**Glen Keith**
	✉	Station Road, KEITH, Banffshire AB55 3BU
	☎	0044-1542-783044
	📠	0044-1542-783056
MANAGER		Norman Green
EIGENTÜMER		Seagram Distillers
STATUS		In Betrieb
GRÜNDUNG		1957-60
WASSER		Quellen am Balloch Hill
	🛢	Ex-Bourbon und Sherry
	🍷	3
	🥃	3

🏛

	☎	0044-1542-783044
	📠	0044-1542-783056
		Nur nach Voranmeldung.

ALTER BEI ABFÜLLUNG	1983
ALKOHOLGEHALT	43 Vol%

VERKOSTUNG

DUFT	Feines, angenehmes Aroma mit leicht aromatischer Süße bei einem Hauch von Eiche.
GESCHMACK	Angenehmes, trocken-fruchtiges Aroma, viel Wärme und Frucht.
ANMERKUNGEN	Ein Malt der Heritage Selection von Chivas.

MALT	**Glen Moray**
✉	ELGIN, Morayshire IV30 1YE
☎	0044-1343-542577
🖶	0044-1343-546195
MANAGER	Edwin Dodson
EIGENTÜMER	Glenmorangie plc
STATUS	In Betrieb
GRÜNDUNG	1897
WASSER	River Lossie
🛢	Ex-Bourbon
🥃	2
🥃	2

Besucher willkommen, aber vorher anrufen.

ALTER BEI ABFÜLLUNG	12, 16 Jahre
ALKOHOLGEHALT	40%
SONDERABFÜLLUNGEN	Jubiläumsabfüllung, 12 Jahre.

VERKOSTUNG	12 Jahre, 40%
DUFT	Frisches, leichtes Aroma
GESCHMACK	Leicht, angenehm und malzig mit klarem Abgang. Ein guter Malt zu allen Anlässen.
ANMERKUNGEN	Ein Aperitif. Erhältlich in Metalldosen mit Bildern der Regimenter The Black Watch und The Queen's Own Cameron Highlanders.

MALT	**Glen Spey**
	✉ ROTHES, Morayshire AB38 7AY
	☎ 0044-1340-831215
	🖷 0044-1340-831356
MANAGER	Peter Warren
EIGENTÜMER	UDV
STATUS	In Betrieb
GRÜNDUNG	ca. 1878
WASSER	The Doonie Burn
	Ex-Bourbon
	2
	2

VERKOSTUNG	15 Jahre, 62.2 Vol%
DUFT	Leicht und angenehm.
GESCHMACK	Kräftig, starker Hintergrund von reifer Frucht und ein leichter, feiner Rauchton, der weich ausklingt .
ANMERKUNGEN	Digestif, der einen guten Spritzer Wasser verträgt. Siehe Seite 153-154.

Vintage 1985
Single Highland Malt Scotch Whisky
Matured in oak casks for 11 years
Distilled at Glenallachie Distillery
on 11.10.85   *Bottled 11.96*
Cask Nos. 4072 - 74   Bottle. No.   of 872
This whisky has been selected, produced and bottled in
Scotland for and under the sole responsibility of
Signatory Vintage Scotch Whisky Co. Ltd.
70cl   *Edinburgh EH6 8LY Scotland*   43%vol

MALT	**Glenallachie**
✉	ABERLOUR, Banffshire AB38 9LR
☎	0044-1340-871315/710
📠	0044-1340-871711
MANAGER	Robert Hay
EIGENTÜMER	Campbell Distillers Ltd
STATUS	In Betrieb
GRÜNDUNG	1967-8
WASSER	Quellen am Ben Rinnes
🛢	Ex-Bourbon
🍶	2
🍶	2

VERKOSTUNG	12 Jahre, 43 Vol%
DUFT	Sehr elegant mit angenehm blumigen Bukett.
GESCHMACK	Leichter Körper mit einer Spur von Honig und Frucht bei einem leichten, süßen Abgang. Sehr gut ausgewogen.
ANMERKUNGEN	Die Brennerei wurde von W. Delmé-Evans (siehe auch Jura und Tullibardine) für Charles Mackinlay & Co Ltd. erbaut. Ein oft unterschätzter Malt, erhältlich nur bei Unabhängigen Abfüllern - wenn überhaupt. Siehe Seite 153-154.

Vintage 1975
Single Highland Malt Scotch Whisky
Matured in oak casks for 22 years
Distilled at Glenburgie Distillery
on 3.6.75   Bottled 17.9.97
Cask No. 6007   Bottle No.   of 263
This whisky has been selected, produced and bottled in
Scotland for and under the sole responsibility of
Signatory Vintage Scotch Whisky Co. Ltd.
70cl   Edinburgh EH6 8LZ Scotland   56.6%vol

MALT	**Glenburgie**
	✉ FORRES, Morayshire IV36 OQU
	☎ 0044-1343-850258
	🖶 0044-1343-850480
MANAGER	Brian Thomas
EIGENTÜMER	Allied Distillers Ltd
STATUS	In Betrieb
GRÜNDUNG	1810
WASSER	Örtliche Quellen
	🛢 Vorwiegend ex-Bourbon barrels
	🥃 2
	🥃 2

🏭

	Nur nach Voranmeldung.
BESONDERHEITEN	Landschaftlich sehr reizvolle Lage.
BESUCHER	100 pro Jahr

VERKOSTUNG	8 Jahre, 40 Vol%
DUFT	Angenehmes Kräuteraroma mit einer Spur von Frucht.
GESCHMACK	Leichter, angenehmer Geschmack von Honig und
	Ahorn mit frischem Abgang
ANMERKUNGEN	Sehr guter Aperitif; erhältlich nur bei den Unabhängi-
	gen Abfüllern. Siehe Seite 153-154.

MALT	**The Glendronach**
	✉ Forgue, HUNTLY, Aberdeenshire AB54 6DB
	☎ 0044-1466-730202
	🖷 0044-1466-730202
MANAGER	Calcott Innes Harper
EIGENTÜMER	Allied Distillers Ltd
STATUS	In Betrieb
GRÜNDUNG	1826
WASSER	Eigene Quellen
	🛢 Europäische Eiche, abgelagert oder ex-Sherry
	⌂ Tennenmälzen (floor maltings)
	🍾 2
	🍾 2

(H)	🚻♥🔲♿
	☎ 0044-1466-730202
	🖷 0044-1466-730313
	Laden geöffnet während der Geschäftszeit. Ganzjährig Führungen um 10.00 oder 14.00 Uhr. Gruppen nur nach Anmeldung.
BESONDERHEITEN	Das Tennenmälzen und die traditionell kohlebeheizten Brennblasen.
AUSZEICHNUNGEN	1997 IWSC Silbermedaille
BESUCHER	4.000 pro Jahr

ALTER BEI ABFÜLLUNG	15 Jahre
ALKOHOLGEHALT	40%
SONDERABFÜLLUNGEN	1987 @ 43 Vol%
EXPORTABFÜLLUNGEN	43 Vol% (außer Canada)

VERKOSTUNG	15 Jahre, 40 Vol%
DUFT	Weiches Aroma mit leichter Spur von Süße.
GESCHMACK	Gut ausgewogen, verweilt auf dem Gaumen mit rauchigen Untertönen. Anhaltender, leichter, süßer Abgang.
ANMERKUNGEN	Ein guter Tropfen, ein Digestif und sehr begehrt.

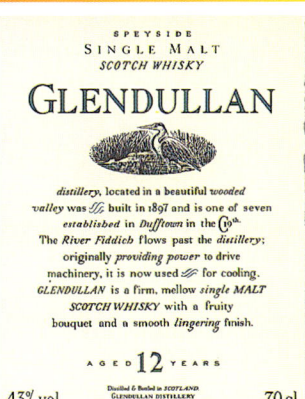

SPEYSIDE
SINGLE MALT
SCOTCH WHISKY

GLENDULLAN

distillery, located in a beautiful *wooded valley* was built in 1897 and is one of seven *established* in *Dufftown* in the 19th. The *River Fiddich* flows past the *distillery*; originally *providing power* to drive machinery, it is now used for cooling. *GLENDULLAN* is a firm, mellow *single MALT SCOTCH WHISKY* with a fruity bouquet and a smooth *lingering* finish.

AGED **12** YEARS

Distilled & Bottled in *SCOTLAND*
GLENDULLAN DISTILLERY
Dufftown, Keith, Banffshire, Scotland.

43% vol   70 cl

MALT	**Glendullan**
✉	Dufftown, KEITH, Banffshire AB55 4DJ
☎	0044-1340-822300
📠	0044-1340-822302
MANAGER	Steve McGingle
EIGENTÜMER	UDV
STATUS	In Betrieb
GRÜNDUNG	1897-8
WASSER	River Fiddich
🛢	Ex-Bourbon und Sherry
⚗	3
⚗	3

ALTER BEI ABFÜLLUNG	12 Jahre
ALKOHOLGEHALT	43 Vol%
SONDERABFÜLLUNGEN	8 Jahre @ 40 Vol%; 23 Jahre @ 58.6 Vol% Rare Malts Selection

VERKOSTUNG	
DUFT	Ansprechendes, fruchtiges Bukett. Weckt Erwartungen.
GESCHMACK	Mild mit einem sanften, nußigen Aroma. Weicher, anhaltender Abgang mit einem Hauch von Honig.
ANMERKUNGEN	Ein guter Digestif.

MALT	**Glenfarclas**
	Marypark, BALLINDALLOCH, Banffshire AB37 9BD
	0044-1807-500209
	0044-1807-500234
MANAGER	Mr J. Miller
EIGENTÜMER	J&G Grant
STATUS	In Betrieb
GRÜNDUNG	1836
WASSER	Quellen am Ben Rinnes
	Ex-Sherry und Bourbon
	3
	3

	0044-1807-500257
	0044-1807-500234
	April -Sept.: Mo-Fr: 09.30-17.00. Okt.- März: Mo-Fr: 10.00-16.00. Juni - Sept.: Sa: 10.00-16.00, So: 12.30-16.30. Letzte Führung eine Stunde vor Schließung. Eintritt: £2.50, wird bei Einkauf teilweise erstattet.
BESONDERHEITEN	Der "Ship's Room" von der Empress of Australia.
AUSZEICHNUNGEN	1996 International Spirits Challenge: 30 Jahre

---

ALTER BEI ABFÜLLUNG	10, 15, 21, 25 & 30 Jahre
ALKOHOLGEHALT	10 Jahre - 40 Vol%; '105' mit 60 Vol%
EXPORTABFÜLLUNGEN	8 Jahre @ 40 Vol%; 12 Jahre @ 43 Vol%; 1970/76/78 @ Faßstärke.

VERKOSTUNG	15 Jahre, 46 Vol%
DUFT	Eine köstliche Verheißung.
GESCHMACK	Fülle an Charakter und Aroma. Süße von reifer Frucht im Hintergrund.
ANMERKUNGEN	Herrlicher Tropfen aus einer großen Speyside Brennerei.

MALT	**Glenfiddich**
✉	Dufftown, KEITH, Banffshire AB55 4DH
☎	0044-1340-820373
📠	0044-1340-820805
MANAGER	Bill White
EIGENTÜMER	Wm Grant & Sons Ltd
STATUS	In Betrieb
GRÜNDUNG	1886-7
WASSER	Die Robbie Dubh Quellen
🛢	Ex-Bourbon und Sherry
🥄	10
🥄	18

🚹🚺	
	🚹♿▨♿
☎	0044-1340-820373
📠	0044-1340-820805
	Ostern - Mitte Okt.: Mo-Sa: 09.30-16.30, So: 12.00-16.30. Mitte Okt. bis Ostern: Mo-Fr: 09.30-16.30. Geschlossen zum Jahreswechsel. Gruppen über 12 Personen nach tel. Anmeldung. PR Managerin: Elizabeth Lafferty.
BESONDERHEITEN	Picknickareal. AV in sechs Sprachen.
BESUCHER	120.000 pro Jahr

ALTER BEI ABFÜLLUNG	8 Jahre Mindestalter
ALKOHOLGEHALT	40%
SONDERABFÜLLUNGEN	50 Jahre @ 43 Vol%; Faßstärke, 15 Jahre @ 51 Vol%
EXPORTABFÜLLUNGEN	43 Vol%

VERKOSTUNG	
DUFT	Ein leichter, feiner Hauch von Torf.
GESCHMACK	Ansprechendes Aroma mit einer Spur von Süße. Gut ausgewogen und anregend.
ANMERKUNGEN	Ein guter Malt für Einsteiger.

MALT	**Glenglassaugh**
✉	PORTSOY, Banffshire AB45 2SQ
☎	0044-1261-842367
EIGENTÜMER	Highland Distillers
STATUS	In Betrieb
GRÜNDUNG	1875
WASSER	Die Glassaugh Quelle
🛢	Ex-Bourbon
⚗	1
⚗	1

VERKOSTUNG	1983, 40 Vol%
DUFT	Leicht, frisch und angenehm. Hauch von Süße.
GESCHMACK	Bezaubernd mit einer Spur von Süße, voller Verheißung, mit einem weichen, trockenen Nachklang.
ANMERKUNGEN	Geeignet für jeden Anlaß; erhältlich nur bei den Unabhängigen Abfüllern. Siehe Seite 153-154.

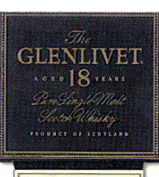

MALT	## The Glenlivet
	✉ BALLINDALLOCH, Banffshire AB37 9DB
	☎ 0044-1542-783220
	📠 0044-1542-783220
MANAGER	Jim Cryle
EIGENTÜMER	Seagram Distillers
STATUS	In Betrieb
GRÜNDUNG	1824
WASSER	Josie's Well
	🛢 Ex-Bourbon und Sherry
	4
	4

🏛	♿♥🖼♿
	☎ 0044-1542-783220
	📠 0044-1542-783220
	Mitte März - Ende Okt.: Mo-Sa: 10.00-16.00, So: 12.30-16.00. Juli - Aug.: Mo-So: 10.00-18.00. Gruppen auf Voranmeldung. Eintritt wird bei Einkauf verrechnet.
AUSZEICHNUNGEN	18 Jahre: 1995 IWSC: Bester Malt über 12 Jahre. 1996 IWSC, Goldmedaille.
BESUCHER	75.000 pro Jahr

ALTER BEI ABFÜLLUNG	12 & 18 Jahre
ALKOHOLGEHALT	12 Jahre: 40 Vol%; 18 Jahre: 43 Vol%
SONDERABFÜLLUNGEN	The Archive.
EXPORTABFÜLLUNGEN	43 Vol%

VERKOSTUNG	12 Jahre, 40%
DUFT	Eine leichte, ansprechende Blume mit viel Frucht..
GESCHMACK	Mittlerer bis leichter Hauch der Süße des Sherry. Voll im Geschmack.
ANMERKUNGEN	Ein Malt der Spitzenkategorie. Einer der beliebtesten Malts der Welt – mit Recht.

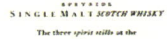

SPEYSIDE
SINGLE MALT *SCOTCH WHISKY*

The three *spirit* stills at the

GLENLOSSIE

distillery have purifiers installed between the lyne arm and the condenser. This has a bearing on the character of the single MALT SCOTCH WHISKY produced which has a fresh, grassy aroma and a smooth, lingering flavour. Built in 1876 by John Duff, the distillery lies four miles south of ELGIN in Morayshire.

AGED **10** YEARS

43% vol   70cl

MALT	**Glenlossie**
	⊠ Birnie, ELGIN, Morayshire IV30 3SS
	ℂ 0044-1343-860331
	🖷 0044-1343-860302
MANAGER	Harry Fox
EIGENTÜMER	UDV
STATUS	In Betrieb
GRÜNDUNG	1876
WASSER	The Bardon Burn
	🛢 Ex-Bourbon
	⚗ 3
	⚗ 3

ALTER BEI ABFÜLLUNG	10 Jahre
ALKOHOLGEHALT	43 Vol%

VERKOSTUNG

DUFT	Ein sanfter Hauch von Süße mit einem Anflug von Sandelholz.
GESCHMACK	Langanhaltend, elegant mit einem köstlichen Anklang von Mandel im Abgang.
ANMERKUNGEN	Ein Digestif aus einer abgeschiedenen Ecke bei Elgin.

THE GLENROTHES DISTILLERY
SAMPLE ROOM

700ml

43% vol.

CHARACTER: Ripe, fruity, vanilla notes

CHECKED: J.C. Stevens DATE: 17/4/82

APPROVED: R.H.Finch DATE: 20.8.96

DISTILLED IN
1982
BOTTLED IN 1996

SCOTCH WHISKY

C06005

Distilled and Bottled in Scotland. Berry Bros. & Rudd, 3 St James's St, London
PRODUCT OF SCOTLAND

MALT	**The Glenrothes**
✉	ROTHES, Morayshire AB38 7AA
☎	0044-1340-831248
🖷	0044-1340-831484
EIGENTÜMER	Highland Distillers
STATUS	In Betrieb
GRÜNDUNG	1878
WASSER	Örtliche Quellen
🛢	Ex-Bourbon und Sherry
🍶	5
🍶	5

AUSZEICHNUNGEN	1997 IWSC Silbermedaille, Bester Malt über 21 Jahre (Jahrgang 1972)

ALTER BEI ABFÜLLUNG	1972, 1982
ALKOHOLGEHALT	43 Vol%

VERKOSTUNG	1982, 43 Vol%
DUFT	Schwerer, feiner Duft von Sherry bei einem Hauch von Rauch.
GESCHMACK	Gute Balance aus feinem Fruchtaroma mit Malz bei angenehmer Dauer des Geschmacks. Weicher, langer Abgang.
ANMERKUNGEN	Berry Bros & Rudd vermarkten limitierte Abfüllungen einzelner Jahrgänge.

MALT	**Glentauchers**
✉	Mulben, KEITH, Banffshire AB55 23L
☎	0044-1542-860272
📠	0044-1542-860327
MANAGER	Ronnie MacDonald
EIGENTÜMER	Allied Distillers Ltd
STATUS	In Betrieb
GRÜNDUNG	1898
WASSER	Rosarie Burn
🛢	Ex-Bourbon
⚗	3
⚗	3

BESUCHER	25 pro Jahr

VERKOSTUNG	1979, 40 Vol%
DUFT	Leichtes, süßes Aroma von Honig und Gewürzen.
GESCHMACK	Leichtes Aroma mit einem dezenten, trockenen Abgang
ANMERKUNGEN	Ein Aperitif aus einer weiteren Brennerei des 19. Jahrhunderts. Siehe Seite 153-154.

MALT	**Imperial**
✉	Carron, ABERLOUR, Morayshire AB38 7QP
☎	0044-1340-810276
📠	0044-1340-810563
MANAGER	Ronnie MacDonald
EIGENTÜMER	Allied Distillers Ltd
STATUS	In Betrieb
GRÜNDUNG	1897
WASSER	Aldach Quellen
🛢	Ex-Bourbon
🍾	2
🥃	2

VERKOSTUNG	1979, 40 Vol%
DUFT	Wunderbar – kräftig und rauchig.
GESCHMACK	Aromatisch und weich mit einem vollen und angenehmen Abgang.
ANMERKUNGEN	Einer der großen, unterschätzten Malts. Guter Digestif. Siehe Seite 153-154.

SPEYSIDE
SINGLE MALT
SCOTCH WHISKY

The *Oyster Catcher* is a common sight
around the

INCHGOWER

distillery, which stands *close* to the *sea*
on the mouth of the *RIVER SPEY*
near *BUCKIE. Inchgower,*
established in 1824, produces *one of the*
most *distinctive single malt whiskies*
in *SPEYSIDE* It is a malt for the
discerning drinker ~ a complex aroma
precedes a *fruity, spicy*
taste ⁓ with a hint of *salt.*

A G E D **14** Y E A R S

43% vol   70 cl

MALT	**Inchgower**
✉	BUCKIE, Banffshire AB56 5AB
☏	0044-1542-831161
📠	0044-1542-834531
MANAGER	James Riddell
EIGENTÜMER	UDV
STATUS	In Betrieb
GRÜNDUNG	1871
WASSER	Quellen in den Menduff Hills
🛢	Ex-Bourbon
⚗	2
⚗	2

ALTER BEI ABFÜLLUNG	14 Jahre
ALKOHOLGEHALT	43 Vol%
SONDERABFÜLLUNGEN	22 Jahre @ 55.7 Vol% Rare Malts Selection

VERKOSTUNG

DUFT	Charakteristisch mit einem angenehmen Hauch von Torf und einer malzigen Süße.
GESCHMACK	Angenehmes, charakteristisches Aroma mit einer betont leichten Süße.
ANMERKUNGEN	Ein sehr ausgeglichener Malt. Digestif.

MALT	**Kininvie**
✉	Dufftown, KEITH, Banffshire AB55 4DH
☎	0044-1340-820373
📠	0044-1340-820805
MANAGER	Bill White
EIGENTÜMER	Wm Grant & Sons Ltd
STATUS	In Betrieb
GRÜNDUNG	1990
WASSER	Die Robbie Dubh Quellen
🛢	Ex-Bourbon
🛢	2
🛢	6

VERKOSTUNG	5 Jahre, Faßstärke
DUFT	Charakterisches Aroma von Rauch und Walnuß. Weich und süß.
GESCHMACK	Schon in diesem Alter findet sich eine trockene, weiche Aromafülle mit Spuren von Eiche und Rauch. Angenehmer Abgang.
ANMERKUNGEN	Der Malt wird Anklang finden, wenn er denn irgendwann in den Handel kommt.

MALT	**Knockando**
✉	Knockando, ABERLOUR, Morayshire AB38 7RD
✉	044-1340-810205
📠	0044-1340-810369
MANAGER	Innes Shaw
EIGENTÜMER	Campbell Distillers Ltd
STATUS	In Betrieb
GRÜNDUNG	1898
WASSER	Cardnach Quelle
🛢	Ex-Bourbon
🍾	2
🛢	2

☎	0044-1340-810205
	Nur Fachbesucher.

ALTER BEI ABFÜLLUNG	13 Jahre
ALKOHOLGEHALT	43 Vol%

VERKOSTUNG	
DUFT	Volles angenehmes Aroma von heißer Butter und Pfeffernüssen.
GESCHMACK	Mittlerer Körper mit angenehm sirupartigem Geschmack. Schneller Abgang, trotzdem ansprechend.
ANMERKUNGEN	Digestif. Abgefüllt wird nicht nach einem bestimmten Alter, sondern nach Erreichen des Reifegrades. Das Etikett trägt die Daten von Destillation und Abfüllung: momentan 1984, bzw. 1997.

MALT	**Linkwood**
	✉ ELGIN, Morayshire IV30 3RD
	☎ 0044-1343-547004
	📠 0044-1343-549449
MANAGER	Ian Millar
EIGENTÜMER	UDV
STATUS	In Betrieb
GRÜNDUNG	1825
WASSER	Quellen nahe dem Milbuies Loch
♨	3
♨	3

ALTER BEI ABFÜLLUNG	12 Jahre
ALKOHOLGEHALT	43 Vol%
SONDERABFÜLLUNGEN	23 Jahre @ 61.2 Vol% Rare Malts Selection; 1983 @ 59.8 Vol%

VERKOSTUNG

DUFT	Leicht rauchig mit einer angenehmen Spur von Süße.
GESCHMACK	Voller Körper mit einer Spur von Frucht und einem rauchigen, harmonischen Abgang.
ANMERKUNGEN	Einer der Besten unter den angebotenen Malts. Nicht verpassen !

MALT	**Longmorn**
✉	ELGIN, Morayshire IV30 3SJ
☎	0044-1542-783400
🖶	0044-1542-783404
MANAGER	Bob McPherson
EIGENTÜMER	Seagram Distillers
STATUS	In Betrieb
GRÜNDUNG	1894-5
WASSER	Örtliche Quellen
🥃	4
🥃	4

🏭

☎	0044-1542-783042
	Nur nach Anmeldung.
AUSZEICHNUNGEN	1994 IWSC: Goldmedaille. 1995/96 IWSC: Silbermedaille.

ALTER BEI ABFÜLLUNG	15 Jahre
ALKOHOLGEHALT	43 Vol%

VERKOSTUNG

DUFT	Ein herrlich angenehmes, volles Bukett von Torf und Nüssen.
GESCHMACK	Voller Körper, fleischig, nußig und überraschend angenehm. Abgang mit einer eleganten Süße.
ANMERKUNGEN	Ein außergewöhnlicher Digestif aus der 'Heritage Selection' von Chivas.

MALT	**The Macallan**
✉	Craigellachie, ABERLOUR, Banffshire AB38 9RX
☎	0044-1340-871471
🖷	0044-1340-871212
MANAGER	David Robertson
EIGENTÜMER	The Macallan Distillers Ltd
STATUS	In Betrieb
GRÜNDUNG	1824
WASSER	Tiefbrunnen
🛢	Ex-Sherry, Spanische Eiche
♠	10
♠	5

☎	0044-1340-871471
🖷	0044-1340-871212
	Nur nach Anmeldung. Das restaurierte Easter Elchies Jacobiter Herrenhaus ist einmalig im Whiskybereich Speyside.
AUSZEICHNUNGEN	Queen's Award for Exports (zweimal).
BESUCHER	10.000 pro Jahr

ALTER BEI ABFÜLLUNG	10, 18 & 25 Jahre und 1977
ALKOHOLGEHALT	10 Jahre: 40 Vol%; alle anderen: 43 Vol%
SONDERABFÜLLUNGEN	1979, 18 Jahre Gran Reserva @ 40 Vol%. 1946, 52 Jahre @ 40 Vol%.
EXPORTABFÜLLUNGEN	7, 10, 12, 18 & 25 Jahre.

VERKOSTUNG	10 Jahre, 40 Vol%
DUFT	Weiches, Sherry Aroma - liebliches Bukett.
GESCHMACK	Voller Körper, Sherry mit lang anhaltendem Nachgeschmack von Äpfeln.
ANMERKUNGEN	Einer der großen Speysides. Sehr beliebt. Man zahlt £75 für den Gran Reserva und £1575 für den 1946.

MALT	**Mannochmore**
✉	Birnie, ELGIN, Morayshire IV30 3SS
☎	0044-1343-860331
🖷	0044-1343-860302
MANAGER	Harry Fox
EIGENTÜMER	UDV
STATUS	In Betrieb
GRÜNDUNG	1971
WASSER	The Bardon Burn
🛢	Ex-Bourbon
⚗	3
⚗	3

ALTER BEI ABFÜLLUNG	12 Jahre
ALKOHOLGEHALT	43 Vol%
SONDERABFÜLLUNGEN	Loch Dhu, 10 Jahre @ 40 Vol%. 22 Jahre @ 60.1 Vol% Rare Malts Selection.

VERKOSTUNG	12 Jahre, 43 Vol%
DUFT	Frisch, leicht aromatisch mit trockener Süße vor einem leicht rauchigen Hintergrund..
GESCHMACK	Ansprechend, frisch, anregend, leicht sahnig - aber fest und ausgeglichen. Lang anhaltender süßer, trockener Ab-gang.
ANMERKUNGEN	Ein weitere Tropfen zu jedem Anlaß.

MALT	**Miltonduff**
✉	ELGIN, Morayshire IV30 3TQ
☎	0044-1343-547433
🖷	0044-1343-548802
MANAGER	John Black
EIGENTÜMER	Allied Distillers Ltd
STATUS	In Betrieb
GRÜNDUNG	1824
WASSER	Örtliche Quellen und der Black Burn
🛢	Ex-Bourbon
🍶	3
🍶	3

🏛 Nur nach Anmeldung

ALTER BEI ABFÜLLUNG	12 Jahre
ALKOHOLGEHALT	40 Vol%
EXPORTABFÜLLUNGEN	12 Jahre

VERKOSTUNG	
DUFT	Ansprechendes, leichtes und aromatisches Bukett.
GESCHMACK	Mittlerer Körper mit einem angenehmen, gut ausgereiften leichten Abschluß. Ein gut ausbalanzierter Malt.
ANMERKUNGEN	Digestif, aber nicht mehr im UK angeboten. Ein weiterer Single Malt namens Mosstowie wurde bei Miltonduff in Brennblasen vom Lomond-Typ hergestellt, er ist bei den Unabhängigen Abfüllern erhältlich.

MALT	**Mortlach**
	✉ Dufftown, KEITH, Banffshire AB55 4AQ
	☎ 0044-1340-820318
	🖷 0044-1340-820018
MANAGER	Steve McGingle
EIGENTÜMER	UDV
STATUS	In Betrieb
GRÜNDUNG	ca. 1823
WASSER	Quellen in den Conval Hills
	🛢 Ex-Bourbon
	♂ 3
	♀ 3

ALTER BEI ABFÜLLUNG	16 Jahre
ALKOHOLGEHALT	43 Vol%
SONDERABFÜLLUNGEN	1980 @ 63.1 Vol%

VERKOSTUNG

DUFT	Angenehmes, gut abgerundetes Aroma mit einem Hauch von Rauch. Erfrischend.
GESCHMACK	Kräftig und voll mit einer Spur von Rauch bei ausgeprägter Süße, die einen vollen, weichen, an Sherry erinnernden Abgang ergeben.
ANMERKUNGEN	Ein erstklassiger Malt, ein Digestif. In der Brennerei zu kaufen. Siehe 153-154.

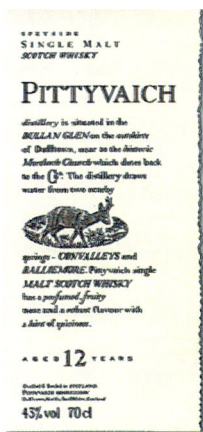

MALT	**Pittyvaich**
	✉ Dufftown, KEITH, Banffshire AB55 4BR
	☎ 0044-1340-820561/773
MANAGER	Steve McGingle
EIGENTÜMER	UDV
STATUS	In Betrieb
GRÜNDUNG	1974
WASSER	Zwei größere örtliche Quellen
	🛢 Ex-Bourbon
	⚗ 2
	⚗ 2

ALTER BEI ABFÜLLUNG	12 Jahre
ALKOHOLGEHALT	43 Vol%

VERKOSTUNG	
DUFT	Recht fein mit einem angenehmen Duft und einem Hauch von Rauch.
GESCHMACK	Gut ausgereift, weich mit einem Anflug von Frucht.
ANMERKUNGEN	Dies Destillat rundet die Palette der Flaschenabfüllungen der Malts recht gut ab. Digestif.

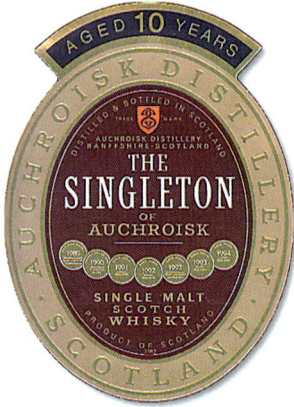

MALT	**The Singleton of Auchroisk**
✉	MULBEN, Banffshire AB55 3XS
☎	0044-1542-860333
🖶	0044-1542-860265
MANAGER	Peter Warren
EIGENTÜMER	UDV
STATUS	In Betrieb
GRÜNDUNG	1974
WASSER	Dorie's Well
🛢	Bevorzugt ex-Sherry
⚗ 4	
⚗ 4	

AUSZEICHNUNGEN	1995 IWSC: Goldmedaille.

ALTER BEI ABFÜLLUNG	10 Jahre Mindestalter, 12 Jahre für Japan
ALKOHOLGEHALT	40%
EXPORTABFÜLLUNGEN	43 Vol%

VERKOSTUNG	1983, 40 Vol%
DUFT	Charakteristisches, volles interessantes Bukett mit einem Hauch von Frucht und einem aufregenden Anflug von Sherry.
GESCHMACK	Mittlerer Körper, Spur von Sherry-Süße und Rauch mit lang anhaltendem Aroma. Gut ausbalanziert - der Sherry überdeckt nicht den Malt.
ANMERKUNGEN	Digestif. Ein erstklassiger Malt mit internationalen Auszeichnungen. Der Singleton 'Particular' wird nur in Japan angeboten.

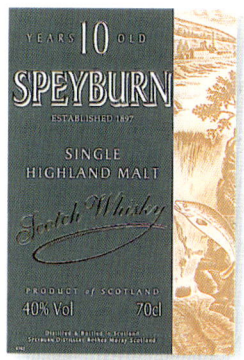

MALT	**Speyburn**
✉	ROTHES, Morayshire IV33 7AG
☎	0044-1340-831213
🖷	0044-1340-831678
MANAGER	Graham MacWilliam
EIGENTÜMER	Inver House Distillers Ltd
STATUS	In Betrieb
GRÜNDUNG	1897
WASSER	Granty Burn, entspringt dem Westhang des Glen of Rothes
🛢	Ex-Bourbon
🍾	1
🥃	1

ALTER BEI ABFÜLLUNG	10 Jahre
ALKOHOLGEHALT	40 Vol%

VERKOSTUNG

DUFT	Bukett von Heide und Honig mit einem Hauch von Torf.
GESCHMACK	Voller kräftiger Malzgeschmack mit einer Spur von Honig im süßen, aromatischen Abgang.
ANMERKUNGEN	Digestif; von den neuen Besitzern nun überall angeboten.

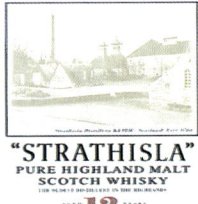

"STRATHISLA"
PURE HIGHLAND MALT
SCOTCH WHISKY

12

MALT	**Strathisla**
	(Straß-éila)
⊠	KEITH, Banffshire AB55 3BS
☎	0044-1542-783044
🖷	0044-1542-783055
MANAGER	Norman Green
EIGENTÜMER	Chivas Brothers
STATUS	In Betrieb
GRÜNDUNG	1786
WASSER	Fons Bulliens's Well
🛢	Ex-Bourbon
♠	2
♠	2

🕍

     ╪ ▰

☎	0044-1542-783044
🖷	0044-1542-783039

Feb. - Mitte März: Mo-Fr: 09.30-16.00. Mitte März - Ende Nov.: Mo-Sa: 09.30-16.30, So: 12.30-16.00. Eintritt £4, wird bei Einkauf teilweise verrechnet. Kinder unter 8 Jahren haben keinen Zutritt zum Produktionsbereich.

BESONDERHEITEN   Kostenlos Kaffee, Shortbread und Unterlagen. Verkostungen.

AUSZEICHNUNGEN   1995 IWSC: Bronzemedaille. 1996 IWSC: Sibermedaille.

ALTER BEI ABFÜLLUNG	12 Jahre
ALKOHOLGEHALT	43 Vol%

VERKOSTUNG

DUFT   Wundervoller, bezaubernder Duft nach Frucht, der bereits den Geschmack vorwegnimmt.

GESCHMACK   Leichter Hauch von Frucht mit einer zarten Süße und be-sonders lang anhaltender Fülle. Gut ausbalanciert.

ANMERKUNGEN   Ausgezeichneter Digestif. Einer der Besten zum Probieren und Genießen. Ein Malt der Heritage Selection von Chivas.

MALT	**Tamdhu**
	(Tam-dú)
✉	Knockando, ABERLOUR, Morayshire AB38 7RP
☎	0044-1340-871471
🖷	0044-1340-872144
MANAGER	Dr W. Crilly
EIGENTÜMER	Highland Distillers
STATUS	In Betrieb
GRÜNDUNG	1896-7
WASSER	Quelle unterhalb der Brennerei
🛢	Ex-Bourbon und Sherry
⚗	Mälzen nach dem Saladin Verfahren
🍶	3
🍶	3

VERKOSTUNG	10 Jahre, 40 Vol%
DUFT	Leichtes Aroma mit einer Spur von Honig und Süße.
GESCHMACK	Mittlerer Körper mit leichter, fruchtiger Süße mit weichem Abgang.
ANMERKUNGEN	Digestiv; beliebt und überall erhältlich. Keine Altersangabe.

MALT	**Tamnavulin**
	(Tamna-vúlin)
✉	BALLINDALLOCH, Banffshire AB37 9JA
☎	0044-1807-590285
🖷	0044-1807-590342
MANAGER	Robert Fleming
EIGENTÜMER	Jim Beam Brands (Greater Europe) plc
STATUS	Stillgelegt 1995
GRÜNDUNG	1965-6
WASSER	Unterirdisches Reservoir, das von Quellen gespeist wird
🛢	Amerikanische Weiße Eiche
♦	3
♦	3

⑭	‡♥◼♿
☎	0044-1807-590442
	April - Okt.: Mo-Sa: 09.30-16.30. Okt.: Mo-Fr:
	09.30-16.30. Juli & Aug.: So: 12.30-16.30.
BESONDERHEITEN	Coffee shop.
BESUCHER	10.000 pro Jahr

ALTER BEI ABFÜLLUNG	12 Jahre
ALKOHOLGEHALT	40 Vol%
SONDERABFÜLLUNGEN	Stillman's Dram: 25 Jahre
EXPORTABFÜLLUNGEN	43 Vol%

VERKOSTUNG	12 Jahre, 40 Vol%
DUFT	Gut ausgereift mit charakteristischer Milde und einer Spur an Süße.
GESCHMACK	Mittlerer Körper, mit einem leichten, rauchigen, ausgeprägten Abgang.
ANMERKUNGEN	Ein guter Malt zu jedem Anlaß.

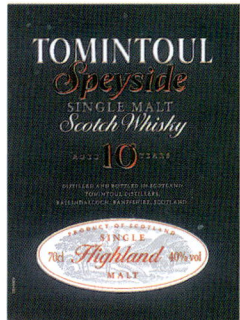

MALT	**Tomintoul**
	(Tomin-túl)
✉	BALLINDALLOCH, Banffshire AB37 9AQ
☏	0044-1807-590274
🖷	0044-1807-590342
MANAGER	Robert Fleming
EIGENTÜMER	Jim Beam Brands (Greater Europe) plc
STATUS	In Betrieb
GRÜNDUNG	1964-5
WASSER	The Ballantruan Spring
🛢	Amerikanische Weiße Eiche, Oloroso Sherry butts
🍶	2
🍶	2

Nur nach Anmeldung. Gruppen nur unter 10 Personen.

ALTER BEI ABFÜLLUNG	10 Jahre
ALKOHOLGEHALT	40 Vol%
EXPORTABFÜLLUNGEN	43 Vol%

VERKOSTUNG	12 Jahre, 43 Vol%
DUFT	Leicht und delikat.
GESCHMACK	Leichter Korpus mit guten Eigenschaften.
ANMERKUNGEN	Ein guter Malt für Einsteiger, im UK nur bei Oddbins angeboten.

MALT	**The Tormore**
	✉ Advie, GRANTOWN-ON-SPEY, Morayshire PH26 3LR
	☎ 0044-1807-510244
	🖶 0044-1807-510352
MANAGER	Ronnie MacDonald
EIGENTÜMER	Allied Distillers Ltd
STATUS	In Betrieb
GRÜNDUNG	1960
WASSER	The Achvochkie Burn
🍾	4
🍾	4

Nur nach tel. Anmeldung.

ALTER BEI ABFÜLLUNG	10 Jahre
ALKOHOLGEHALT	40 Vol%
EXPORTABFÜLLUNGEN	43 Vol%

VERKOSTUNG
DUFT	Fein sich abzeichnendes, trockenes Aroma.
GESCHMACK	Mittlerer Korpus mit einer Spur von Süße. Angenehmer, anhaltender Abgang.
ANMERKUNGEN	Digestif. Nicht mehr im UK angeboten.

Das Hochland

DAS Zentrum des Brennens von Whisky in den Highlands ist zweifelsfrei Speyside, aber um diesen Bereich herum finden sich weitere Brennereien in allen Himmelsrichtungen - Norden, Süden, Osten und Westen . Auch hier fanden Besitzerwechsel statt mit Royal Brackla, nun bei William Lawson (die Zustimmung der EU fehlt noch) und Pulteney, nun bei Inver House. Erfreulich ist die Rückkehr von Old Pulteney auf den Markt.

Andere Marken sind wohl durch die Stillegungen in die Geschichtsbücher verbannt worden. Von den einst über 30 Malts, die aus den Highlands herstammen, gehören 6 zu inzwischen geschlossenen Brennerein. Hiervon betroffen sind Glen Mhor, Glen Albyn und Milburn in Inverness, Banff (aus der gleichnamigen Stadt), Glenugie bei Peterhead und North Port in Brechin. Von einigen anderen geschlossenen Brennereien existieren nur noch Spuren; diese werden wohl nie wieder auferstehen, darunter Glenury-Royal in Stonehaven, Coleburn bei Elgin, Glenlochy in Fort William, Brora in der gleichnamigen Stadt und Glenesk (früher North Esk oder Hillside) in Montrose. Einzelheiten zu diesen und weiteren Malts finden sich im Kapitel "Verschwundene Brennereien" auf Sei-te 133.

Die noch in den Northern Highlands bestehenden Brennereien liegen von Kingussie bis Wick im Norden : Tomatin, Royal Brackla bei Nairn, Ord bei Muir of Ord auf der Black Isle, Dalmore und Teaninich bei Alness, Balblair und Glenmorangie bei Tain und Clynelish bei Brora. Die östlichen Malts liegen zwischen der Region Speyside und der Nordseeküste. Banff, die Fischerstadt an der Mündung des Moray, weist nur noch eine Brennerei auf, Glen Deveron.

Glen Garioch bei Oldmeldrum ist wieder in Betrieb und Royal Lochnagar be-treut weiterhin Tausende von Besuchern, die das reizvolle Royal Deeside anlockt. Im Südwesten erstrecken sich die Brennaktivitäten mit Old Fettercairn bis nach Montrose, das sich früher einer beachtlichen Zahl an Brennereien rühmen konnte. Aber bei Glenesk wird wohl nie wieder gebrannt werden, genauso wie bei Lochside (einer umgebauten Brauerei), die einst Produktionsstätte für Grain und Malt Whisky war und nun wohl für immer geschlossen ist. Weiter im Lan-desinneren, aber noch am Fluß South Esk, hat Brechin eine aktive Brennerei mit Glencadam und eine stillgelegte mit North

ORDNUNGSZAHL DER BRENNEREI ENTSPRICHT DER SEITENZAHL.

Port - beide sind sehr seltene Malts. Südlich dieses Ackerbaugebietes bilden die Berge der Grafschaft Perth die Grenze des Bereiches der Highland Brennereien.

In Pitlochry kann der Freund des Malts zwei gegensätzliche Brennereien erleben. Edradour ist die kleinste Brennerei in Schottland und bewahrt all das Liebenswerte eines kleinen Betriebes aus dem 19. Jahrhundert, während Blair Athol hingegen eine große, recht moderne Anlage ist. Die Aberfeldy Brennerei (gerade im Wechsel zu Bacardi) liegt am östlichen Eingang der Stadt gleichen Namens am Ufer des River Tay; die Glenturret Brennerei bei Crieff besticht durch die malerische Lage. Tullibardine in Blackford ist eine recht "junge" Brennerei (1948) in einem Ort, in dem nicht nur Mineralwasser (Highland Sprink) abgefüllt wird, sondern auch ein auf den Mauern der ältesten Brauerei Schottlands errichteter Betrieb zum Mälzen im Lohnauftrag nach der Bodenmälzmethode zu finden ist. Wenn jetzt noch etwas Ungewöhnliches überraschen kann, so ist dies wohl die Deanston Brennerei am River Teith bei Doune nahe Stirling: in einer umgebauten Wollspinnerei dienen die alten Lagerschuppen jetzt als Zollfreilager und direkt im Betrieb arbeitet ein kleines Wasserkraftwerk. Kürzlich wurde eine Gin Brennerei angefahren.

Am Westrand dieses südlichsten der Bereiche des Highlands befinden sich die Brennereien Loch Lomond und Glengoyne. Beide Betriebe liegen zwar im

Grenzgebiet der Highlands (wie auch Tullibardine), legen aber größten Wert auf die Zugehörigkeit zu eben diesem Bereich. Loch Lomond, erbaut 1968, produziert sowohl Inchmurrin wie auch Old Rhosdhu Malt in Brennblasen, die diese kuriose Zweigleisigkeit in der Herstellung erlauben. Die Eigentümer besitzen weiterhin Glen Scotia in Campbeltown und Littlemill in Bowling. Glengoyne hat eine längere Entstehungsgeschichte und ist - in einer Schlucht der Campsie Fells gelegen - eine einzigartige Brennerei in einer einmaligen Lage. Die Western Malts - ohnehin nur drei an der Zahl - haben lediglich die Einbuße eines Betriebes erlitten. Glenlochy in Fort William wird nie wieder produzieren, aber die Oban Brennerei, direkt neben der Hauptstrasse dieser quirrligen Touris-tenstadt gelegen, ist so besonders leicht für Besucher zu erreichen und gehört zu den Classic Malts von United Distillers. Die Ben Nevis Brennerei in Fort William erblüht ebenfalls weiter unter der Führung der japanischen Eigner und lockt die Besucher von der "Route zu den Inseln" mit dem "Dew of Ben Nevis" (Tau des Ben Nevis) an.

Whisky und Essen

In den Northern Highlands dominieren die Malts mit süßer Würze und einem Charakter, der von der Herkunft aus dem Heideland geprägt ist. Einen mehr fruchtigen Eindruck hinterlassen die Malts aus den klimatisch geschützteren Be-reichen Eastern Highlands und Perthshire, während man im Westen leicht salzige und torfige Eindrücke erschmecken kann. Diese große Vielfalt innerhalb dieser Region ist eine ideale Ergänzung zu einem Käsesortiment.

Dalwhinnie, 15 Jahre alt, zu Caboc

Edradour, 10 Jahre alt, zu luftgetrocknetem und gut abgelagertem Cumbria Schinken

Oban, 14 Jahre alt, zu geräuchertem Cheddar Käse und Oat Cakes (Haferkekse)

DAS NÖRDLICHE HOCHLAND

Malt	**Balblair**
	✉ Edderton, TAIN, Ross-shire IV19 1LB
	☎ 0044-1862-821273
	📠 0044-1862-821360
MANAGER	Derick Sinclair
EIGENTÜMER	Allied Distillers Ltd
STATUS	Stillgelegt 1996
GRÜNDUNG	1790
WASSER	Struie Hill
🛢	Ex-Bourbon
⚗	1
⚗	1

BESUCHER	800 pro Jahr

ALTER BEI ABFÜLLUNG	5, 10 Jahre
ALKOHOLGEHALT	40 Vol%

VERKOSTUNG	10 Jahre
DUFT	Ausgeprägter, charakteristischer, aromatischer Duft von Rauch und Süße.
GESCHMACK	Gutes, anhaltendes Aroma mit einer leichten Spur von Süße.
ANMERKUNGEN	Ein gutes Getränk für jeden Anlaß. Abfüller : Ballantines.

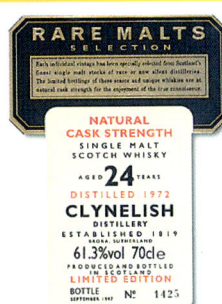

MALT	**Clynelish**
	(Klein-liesch)
✉	BRORA, Sutherland KW9 6LR
☎	0044-1408-623000
📠	0044-1408-623004
MANAGER	Bob Robertson
EIGENTÜMER	UDV
STATUS	In Betrieb
GRÜNDUNG	1819, Neubau 1967.
WASSER	Clynemilton Burn
🛢	Ex-Bourbon
🥃	3
🥃	3

🏛	
	⚁🖼♿
☎	0044-1408-623014
📠	0044-1408-623016
	März - Okt.: Mo-Fr: 09.30-16.00. Nov. - Feb.: nur nach Anmeldung.
AUSZEICHNUNGEN	Gold Award for Safety (ROSPA)
BESUCHER	12.000 pro Jahr

ALTER BEI ABFÜLLUNG	14 Jahre
ALKOHOLGEHALT	43 Vol%
SONDERABFÜLLUNGEN	24 Jahre @ 61.3 Vol% Rare Malts Selection

VERKOSTUNG	14 Jahre , 43 Vol%
DUFT	Torfig für einen Northern Highland mit einer sanften Spur von süßer Frucht.
GESCHMACK	Kräftig, angenehm mit leicht trocknem Abgang. Charaktervoll, mit dem vollen Aroma von Frucht
ANMERKUNGEN	Guter Digestif.

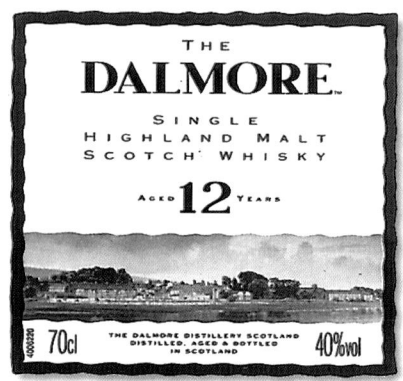

MALT	**The Dalmore**
	✉ ALNESS, Ross-shire IV17 0UT
	☏ 0044-1349-882362
	🖷 0044-1349-883655
MANAGER	Steve Tulewicz
EIGENTÜMER	Jim Beam Brands (Greater Europe) plc
STATUS	In Betrieb
GRÜNDUNG	ca. 1839
WASSER	Gildermory Loch
	🛢 Amerikanische Weiße Eiche, Oloroso Sherry butts
	🍾 4
	🛢 4

Nur nach Anmeldung. Gruppen nur unter 10 Personen.

ALTER BEI ABFÜLLUNG	12 Jahre
ALKOHOLGEHALT	40 Vol%
SONDERABFÜLLUNGEN	Stillman's Dram, 26 Jahre
EXPORTABFÜLLUNGEN	43 Vol%

VERKOSTUNG

DUFT	Kräftig, frisch, mit einer Andeutung von Süße.
GESCHMACK	Volles Honigaroma, das trotz des Sherry-Einflußes ein wenig trocken ausklingt. Herrlich ausbalanciert.
ANMERKUNGEN	Ein weiterer wirklich guter Malt. Digestif.

MALT	**Dalwhinnie**
	⊠ DALWHINNIE, Inverness-shire PH19 1AB
	℘ 0044-1528-522264
	🖶 0044-1528-522240
MANAGER	Robert Christine
EIGENTÜMER	UDV
STATUS	In Betrieb
GRÜNDUNG	1898
WASSER	Allt an t'Sluie Burn
	🛢 Ex-Bourbon
	🔥 1
	🔥 1

🚻	♿🖼👓
	℘ 0044-1528-522208
	🖶 0044-1528-522296
	März - Dez.: Mo-Fr: 09.30-16.30. Jun - Okt.: Mo-Sa: 09.30-16.30. Juli & Aug.: Mo-So: 12.30-16.30. Jan.-März, eingeschränkte Zeiten, bitte anrufen.
BESUCHER	40.000 pro Jahr

ALTER BEI ABFÜLLUNG	15 Jahre
ALKOHOLGEHALT	43 Vol%
SONDERABFÜLLUNGEN	Distillers Edition, 1980

VERKOSTUNG	
DUFT	Zartes, aromatisches Bukett von frischen Schnittblumen.
GESCHMACK	Köstliches Aroma mit einem süßen Abgang, der an Honig erinnert.
ANMERKUNGEN	Aperitif, der höchsten Ansprüchen genügt.

MALT	**Drumguish**
	(Drum-yewish)
✉	Tromie Mills, KINGUSSIE, Inverness-shire PH21 1NS
☎	0044-1540-661060
🖷	0044-1540-661959
MANAGER	Richard Beattie
EIGENTÜMER	Speyside Distillery Co Ltd
STATUS	In Betrieb
GRÜNDUNG	1990
WASSER	River Tromie
🛢	Ex-Sherry hogsheads
🍾	1
🍾	1

BESONDERHEITEN	Grenzt an einen Tierpark.

ALTER BEI ABFÜLLUNG	keine Altersangabe
ALKOHOLGEHALT	40 Vol%

VERKOSTUNG

DUFT	Angenehm malziges Aroma mit feinem Hauch von Süße und Apfelblüte.
GESCHMACK	Sehr weich, delikate Süße, dabei leicht fruchtig. Gut ausbalanziert, Abgang angenehm und anhaltend.
ANMERKUNGEN	Eine willkommene Ergänzung der Palette der schottischen Malts.

MALT	**Glen Ord**
	✉ MUIR OF ORD, Ross-shire IV6 7UJ
	☎ 0044-1463-870421
	🖷 0044-1463-872002
MANAGER	Kenny Gray
EIGENTÜMER	UDV
STATUS	In Betrieb
GRÜNDUNG	1838
WASSER	Lochs Nan Eun und Nam Bonnach
	🛢 Ex-Bourbon
	⛪ Einer Großmälzerei angeschlossen
	🏺 3
	🏺 3

	☎ 0044-1463-872004
	🖷 0044-1463-872008
	Jan.- Nov.: Mo-Fr: 09.30-16.30. Jul & Aug.: St: 09.30-16.30, So: 12.00-16.30. Dez.: nach Anmeldung.
BESONDERHEITEN	STB empfohlene Ausstellung.
AUSZEICHNUNGEN	1996 Große Goldmedaille, Monde Selection
BESUCHER	27.000 pro Jahr

ALTER BEI ABFÜLLUNG	12 Jahres
ALKOHOLGEHALT	40 Vol%
SONDERABFÜLLUNGEN	23 Jahre@ 59.8 Vol% Rare Malts Selection

VERKOSTUNG	
DUFT	Angenehm kräftiger Geruch mit einem Anflug von Trockne und Gewürzen.
GESCHMACK	Gute Fülle mit lang anhaltendem köstlichen Abgang. Sehr elegant.
ANMERKUNGEN	Digestif mit wachsender Reputation.

MALT	**Glenmorangie**
✉	TAIN, Ross-shire IV19 1PZ
☎	0044-1862-892043
🖷	0044-1862-893862
MANAGER	Dr Bill Lumsden
EIGENTÜMER	Glenmorangie plc
STATUS	In Betrieb
GRÜNDUNG	1843
WASSER	Tarlogie Springs
🛢	Ex-Bourbon, Port, Sherry und Madeira Fässer
🍶	4
🍶	4

🖐

‡ ♥ ■ ⅄

☎ 0044-1862-892477

Besucher Willkommen, bitte vorher anrufen.

BESONDERHEITEN	Kürzlich eröffnetes Museum.
BESUCHER	8.000 pro Jahr

ALTER BEI ABFÜLLUNG	10, 18 Jahre
ALKOHOLGEHALT	40 Vol%, 43 Vol% und Faßstärke.
SONDERABFÜLLUNGEN	Nachlagerungen im Port, Sherry und Madeira Faß

VERKOSTUNG	10 Jahre, 40 Vol%
DUFT	Angenehm, frisch und süß, mit einem feinen Hauch von Torf.
GESCHMACK	Mittlerer Korpus mit süßem, frischem Abgang. Ein Malt zum Probieren und Studieren.
ANMERKUNGEN	Ein ausgezeichneter Malt. Sehr beliebt. Die gesamte Produktion des Single Malt wird als Flaschenabfüllung verkauft.

MALT	**Old Pulteney**
	(Púlt-ni)
	✉ Huddart Street, WICK, Caithness KW1 5BA
	☎ 0044-1955-602371
	🖷 0044-1955-602279
MANAGER	Donald Raitt
EIGENTÜMER	Inver House Distillers Ltd
STATUS	In Betrieb
GRÜNDUNG	1826
WASSER	Örtliche Wasserversorgung
	🛢 Ex-Bourbon und Sherry
	⚗ 1
	⚗ 1

ALTER BEI ABFÜLLUNG	12, 15 Jahre
ALKOHOLGEHALT	40 Vol%, 15 Jahre: 60.6 Vol%

VERKOSTUNG	12 Jahre, 40 Vol%
DUFT	Fein, zart;leichtes Aroma mit einem Anflug von einem Island Malt.
GESCHMACK	Leicht, erfrischend mit einem Hauch von Fülle, die dem Ganzen einen guten, rauchigen Abgang verleiht.
ANMERKUNGEN	Ein exzellenter Aperitif aus der nördlichsten Brennerei des schottischen Festlandes. Durch die neuen Besitzer endlich wieder angeboten.

HIGHLAND
SINGLE MALT SCOTCH WHISKY

ROYAL BRACKLA

distillery, established in 1812, lies on the
southern shore of the MORAY FIRTH at *Cawdor* near *Nairn.*
Woods around the *distillery* are home to the SISKIN;
although a *shy bird,* it can often be seen *feeding* on *conifer* seeds.

In 1855 a *Royal Warrant* was granted to the *distillery* by King William IV,
who enjoyed the *fresh, grassy, fruity* aroma of this *single malt whisky.*

AGED **10** YEARS

43% vol   Distilled & Bottled in SCOTLAND. ROYAL BRACKLA DISTILLERY N.V. Cawdor, Nairn, Scotland   70 cl

MALT	**Royal Brackla**
✉	Cawdor, NAIRN, Nairnshire IV12 5QY
☎	0044-1667-404280
🖨	0044-1667-404743
MANAGER	Chris Anderson
EIGENTÜMER	William Lawson Distillers Ltd
STATUS	In Betrieb
GRÜNDUNG	ca. 1812
WASSER	The Cawdor Burn
🛢	Ex-Bourbon
🔥	2
🍶	2

ALTER BEI ABFÜLLUNG	10 Jahre
ALKOHOLGEHALT	43 Vol%
SONDERABFÜLLUNGEN	ohne Altersangabe, 40 Vol%

VERKOSTUNG	Ohne Altersangabe, 40 Vol%
DUFT	Erfrischendes Aroma von Torfrauch mit einer delikaten Spur von Süße und einem grasigen Unterton.
GESCHMACK	Abgerundet, leichte Süße bei einer Fülle, die zwar trocken im Geschmack ist, aber dann in eine Sherry ähnliche Süße übergeht.
ANMERKUNGEN	Ausgezeichnet und ansprechend.

MALT		**Teaninich**
	✉	ALNESS, Ross-shire IV17 0XB
	☎	0044-1349-882461
	🖷	0044-1349-883864
MANAGER		Angus Paul
EIGENTÜMER		UDV
STATUS		In Betrieb
GRÜNDUNG		1817
WASSER		The Dairywell Spring
	🛢	3
	🛢	3

ALTER BEI ABFÜLLUNG	10 Jahre
ALKOHOLGEHALT	43 Vol%
SONDERABFÜLLUNGEN	1973 @ 57.1 Vol% Rare Malts Selection

VERKOSTUNG	
DUFT	Frisch, sanfter Hauch von Rauch mit einer Spur von Frucht bei angenehmer Süße.
GESCHMACK	Wohl ausbalanciert bei leichtem Anflug von Eiche und einem weichen, langen Abgang.
ANMERKUNGEN	Exellenter Tropfen zu jedem Anlaß.

MALT	**Tomatin**
	(Tóma-tin)
✉	TOMATIN, Inverness-shire IV13 7YT
☎	0044-1808-511444
📠	0044-1808-511373
MANAGER	Tom McCulloch
EIGENTÜMER	Tomatin Distillery Co Ltd
status	In Betrieb
GRÜNDUNG	1897
WASSER	Allt na Frithe Burn
🛢	Ex-Bourbon
🍶	12
🍶	11

🏚	
	🎫♥🖼⛾
☎	0044-1808-511444
📠	0044-1808-511373
	Mo-Fr: 09.00-17.00, letzte Führung um 15.30.
	Mai - Okt.: Sa: 09.00-13.00, letzte Führung um 12.00.
	Gruppen nur nach Anmeldung.
BESUCHER	70.000 pro Jahr

ALTER BEI ABFÜLLUNG	10 Jahre
ALKOHOLGEHALT	40 Vol%
EXPORTABFÜLLUNGEN	10, 12 Jahre, 40 & 43 Vol%

VERKOSTUNG	
DUFT	Angenehm und leicht. Delikater Hauch von Süße, fein rauchig.
GESCHMACK	Leichter Körper, sehr weich und abgerundet, angenehm langer Abgang.
ANMERKUNGEN	Ein guter Aperitif. 1985 war diese große Brennerei die erste Übernahme durch Japaner.

DAS ÖSTLICHE HOCHLAND

MALT	**Glen Deveron**
	✉ BANFF, Banffshire AB4 3JT
	☎ 0044-1261-812612
	🖷 0044-1261-818083
MANAGER	Michael Roy
EIGENTÜMER	William Lawson Distillers Ltd
STATUS	In Betrieb
GRÜNDUNG	1960
WASSER	Örtliche Quellen
	🛢 Ex-Bourbon
	🕳 2
	🕳 3

AUSZEICHNUNGEN	1993/4 IWSC: Silbermedaille

ALTER BEI ABFÜLLUNG	12 Jahre
ALKOHOLGEHALT	40 Vol%
EXPORTABFÜLLUNGEN	5, 10 & 12 Jahre @ 40 & 43 Vol%

VERKOSTUNG	
DUFT	Ausgesprochen erfrischenden Bukett.
GESCHMACK	Mittlerer Körper. Weich, angenehm, leicht süßes Aroma mit sauberem Abgang.
ANMERKUNGEN	Digestif. Bei Unabhängigen Abfüllern auch als MAC-DUFF erhältlich; siehe Seite 153-154.

MALT	**Glen Garioch**
	(Glen Gírii)
✉	Oldmeldrum, Aberdeenshire AB51 0ES
☎	0044-1651-872706
🖷	0044-1651-872578
MANAGER	Fraser Hughes
EIGENTÜMER	Morrison Bowmore Distillers Ltd
STATUS	In Betrieb
GRÜNDUNG	1797
WASSER	Quellen am Percock Hill
🛢	Ex-Bourbon und Sherry
♜	Tennenmälzen (floor maltings)
⚗	2
⚱	2

ALTER BEI ABFÜLLUNG	8, 15 & 21 Jahre
ALKOHOLGEHALT	8 Jahre: 40 Vol%; 15 & 21 Jahre: 43 Vol%
SONDERABFÜLLUNGEN	21 Jahre Keramik (rot,blau & grün) @ 43 Vol%

VERKOSTUNG	21 Jahre, 43 Vol%
DUFT	Zart und rauchig. Spur von Süße.
GESCHMACK	Ausgeprägt torfiger Geschmack mit einem weichen, vol-len, angenehmen Abgang.
ANMERKUNGEN	Guter Digestif.

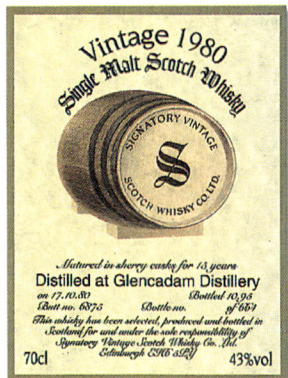

MALT	**Glencadam**
✉	BRECHIN, Angus DD9 7PA
☏	0044-1356-622217
🖶	0044-1356-624926
MANAGER	Calcott Innes Harper
EIGENTÜMER	Allied Distillers Ltd
STATUS	In Betrieb
GRÜNDUNG	1825
WASSER	Loch Lee
🛢	Ex-Bourbon
🍶	1
🍶	1

Sept. - Juni : Mo-Do: 14.00-16.00. Gruppen nur unter 10 Personen. Besichtigung nur nach Anmeldung.

BESONDERHEITEN	Park mit Lehrpfad.
BESUCHER	400 pro Jahr

VERKOSTUNG	1974, 40 Vol%
DUFT	Leicht, weich, süß.
GESCHMACK	Vollmundig, recht fruchtiges Aroma mit einem Hauch von Rauch. Angenehmer Abgang.
ANMERKUNGEN	Digestif ; siehe Seite 153-154.

MALT	**Old Fettercairn**
✉	Distillery Road, LAURENCEKIRK, Kincardineshire AB30 1YE
☎	0044-1561-340244
🖷	0044-1561-340447
MANAGER	Bernie Kenny
EIGENTÜMER	Jim Beam Brands (Greater Europe) plc
STATUS	In Betrieb
GRÜNDUNG	ca. 1824
WASSER	Quellen in den Grampian Mountains
🛢	Amerikanische Weiße Eiche, Oloroso Sherry butts
♠	2
♠	2

⑂	♨ ✈ ▣
☎	0044-1561-340244
	Mai - Sept.: Mo-Sa: 10.00-16.30. Gruppen nach Anmeldung.
BESUCHER	10.000 pro Jahr

ALTER BEI ABFÜLLUNG	10 Jahre
ALKOHOLGEHALT	40 Vol%
EXPORTABFÜLLUNGEN	43 Vol%

VERKOSTUNG	
DUFT	Leichtes, anregend frisches Aroma mit einer Spur von trocknem Malz.
GESCHMACK	Frisch, leicht trocken, nußiger Abgang, der dezent anregend wirkt.
ANMERKUNGEN	Gutes Getränk für jeden Anlaß. Angeblich die zweite „legale" Brennerei nach 1823.

MALT	**Royal Lochnagar**
✉	Crathie, BALLATER, Aberdeenshire AB35 5TB
☎	0044-1339-742273
📠	0044-1339-742312
MANAGER	Alastair Skakles
EIGENTÜMER	UDV
STATUS	In Betrieb
GRÜNDUNG	1845
WASSER	Örtliche Quellen unterhalb von Lochnagar
🛢	Ex-Bourbon und Sherry
⚗	1
⚗	1

🏰	🚻♿▭♿
☎	0044-1339-742273
📠	0044-1339-742312
	Ganzjährig: Mo-Fr: 10.00-17.00. Ostern - Okt.: Sa: 10.00-17.00, So: 11.00-16.00. Gruppen nach Anmeldung. Eintritt wird bei Einkauf verrechnet
BESONDERHEITEN	Balmoral Castle.
BESUCHER	35.000 pro Jahr

ALTER BEI ABFÜLLUNG	12 Jahre und ohne Alersangabe
ALKOHOLGEHALT	40 und 43 Vol%
SONDERABFÜLLUNGEN	23 Jahre @ 59.7 Vol% & 24 Jahre @ 55.7 Vol% Rare Malts Selection

VERKOSTUNG	12 Jahre, 40 Vol%
DUFT	Angenehm volles, fruchtiges Aroma.
GESCHMACK	Guter Korpus. Voller, malziger, fruchtiger Geschmack, angenehm cremiger Hauch von Süße.
ANMERKUNGEN	Erhältlich auch als Selected Reserve für £175 pro Flasche.

DAS SÜDLICHE HOCHLAND

Malt	**Aberfeldy**
	✉ ABERFELDY, Perthshire PH15 2EB
	☏ 0044-1887-820330
	📠 0044-1887-822003
MANAGER	Gordon Donoghue
EIGENTÜMER	William Lawson Distillers Ltd
STATUS	In Betrieb
GRÜNDUNG	1898
WASSER	Pitillie Burn
🛢	Ex-Bourbon und Sherry
⚗	2
⚗	2

🏚	
	🚻 ▣
	☏ 0044-1887-820330
	📠 0044-1887-820432
	Ostern - Okt.: Mo-Fr: 10.00-16.00. Dez.- Feb.: nach Anmeldung. Eintritt wird bei Einkauf verrechnet.
BESONDERHEITEN	Lehrpfad.
BESUCHER	10.000 pro Jahr

ALTER BEI ABFÜLLUNG	15 Jahre
ALKOHOLGEHALT	43 Vol%
SONDERABFÜLLUNGEN	1980 @ 62.0 Vol%

VERKOSTUNG	
DUFT	Frisch, klar; Anflug von Sherry mit Spur von Walnuß. Leicht getorft.
GESCHMACK	Interessantes Aroma mit ausgeprägter Süße und einem Hauch von Rauch. Gut ausbalanciert.
ANMERKUNGEN	Zunehmend beliebter.

MALT	**Blair Athol**
✉	PITLOCHRY, Perthshire PH16 5LY
☎	0044-1796-472161
📠	0044-1796-473292
MANAGER	Gordon Donoghue
EIGENTÜMER	UDV
STATUS	In Betrieb
GRÜNDUNG	1798
WASSER	Allt Dour
🛢	Ex-Bourbon
♨ 2	
♨ 2	

⑭	🚻♥🖼♿
☎	0044-1796-472234
📠	0044-1796-473292
	Ganzjährig, Mo-Fr: 09.30-17.00. Ostern - Okt.: Mo-Sa: 09.30-17.00, So: 12.00-17.00. Letzte Führung um 16.00 im Sommer und 15.30 im Winter. Gruppen nur nach Anmeldung. Eintritt wird bei Einkauf verrechnet.
BESUCHER	50.000 pro Jahr

ALTER BEI ABFÜLLUNG	12 Jahre
ALKOHOLGEHALT	43 Vol%
SONDERABFÜLLUNGEN	1981 @ 55.5 Vol%

VERKOSTUNG	
DUFT	Leicht, frisch, klar mit einem Hauch von Citrusfrucht.
GESCHMACK	Hauch von Torf und Süße, guter Abgang. Eine Fülle von Aroma.
ANMERKUNGEN	Aperitif aus einer der ältesten Brennerein Schottlands.

MALT	**Deanston**
✉	DOUNE, Perthshire FK16 6AG
☎	0044-1786-841422
📠	0044-1786-841439
MANAGER	Ian Macmillan
EIGENTÜMER	Burn Stewart Distillers plc
status	In Betrieb
GRÜNDUNG	1965-6, auf dem Gelände einer um 1785 gegründeten Wollspinnerei
WASSER	River Teith
🛢	Amerikanische und Spanische Eiche: hogsheads und butts, einige frische Sherry butts.
	2
	2

♿	
	Nur Fachbesucher.
BESONDERHEITEN	nahegelegenes Doune Castle.

ALTER BEI ABFÜLLUNG	12, 17 & 25 Jahre
ALKOHOLGEHALT	40 Vol%
SONDERABFÜLLUNGEN	Jahrgangsabfüllungen mit 25 Jahren

VERKOSTUNG	12 Jahre
DUFT	Frisch, sanfter Hauch von Süße, leicht trocken, Spur von Frucht und Malz.
GESCHMACK	Süß, leicht, weich mit Anflug von Honig. Langer, interessanter Abgang.
ANMERKUNGEN	Angenehmer, anregender Tropfen aus einer Brennerei in einem guten Lachsrevier.

MALT	**The Edradour**
	(Edra-dáuer)
	✉ PITLOCHRY, Perthshire PH16 5JP
	☎ 0044-1786-473524
	📠 0044-1786-472002
MANAGER	John Reid
EIGENTÜMER	Campbell Distillers Ltd
STATUS	In Betrieb
GRÜNDUNG	1825
WASSER	Örtliche Quellen im Moulin Moor
	🛢 Ex-Bourbon
	⚗ 1
	⚗ 1

🏭	🚶♿🅿️
	☎ 0044-1796-472095
	📠 0044-1796-472002
	März - Okt.: Mo-Sa: 09.30-17.00, So: 12.00-17.00.
	Nov.- Feb.: Mo-Sa: 10.00-16.00 nur Laden. Gruppen
	über 14 Personen nur nach Anmeldung.
BESUCHER	100.000 pro Jahr

ALTER BEI ABFÜLLUNG	10 Jahre
ALKOHOLGEHALT	40 Vol%
EXPORTABFÜLLUNGEN	43 Vol%

VERKOSTUNG	
DUFT	Fruchtig-süß, rauchig und leicht aromatisch.
GESCHMACK	Leichter Marzipangeschmack entwickelt sich; leicht
	trocken und malzig. Abgang nußig, Anflug von Mandel.
	Gut ausbalanciert.
ANMERKUNGEN	Ausgezeichneter Malt aus Schottlands kleinster Bren-
	nerei aus der Victorianischen Epoche.

MALT	# Glengoyne
✉	DUMGOYNE, Stirlingshire G63 9LB
☎	0044-1360-550229
🖷	0044-1360-550094
MANAGER	Sandy Lawtie
EIGENTÜMER	Lang Brothers Ltd
STATUS	In Betrieb
GRÜNDUNG	ca. 1833
WASSER	Firmeneigener Brunnen in den Campsie Hills
🛢	Eiche: gebrauchte Whisky und ex-Sherry-Fässer
♠	1
♠	2

🏠	🍴🍷▣♿
☎	0044-1360-550254
🖷	0044-1360-550094
	Ganzjährig, stündlich Führungen. Mo-Sa: 10.00-16.00. Ostern - Nov.: So: 12.00-16.00. Gruppen über 10 Personen nur nach Anmeldung. Eintritt £3. Geschlossen 25.12 - 01.01.
BESONDERHEITEN	ASVA empfohlen. Räume für Veranstaltungen zu mieten.
BESUCHER	40.000 pro Jahr

ALTER BEI ABFÜLLUNG	10, 17, 21 & 30 Jahre
ALKOHOLGEHALT	10 Jahre: 40 Vol%; 17 & 21 Jahre: 43 Vol%
SONDERABFÜLLUNGEN	Gelegentlich Jahrgangsabfüllungen
EXPORTABFÜLLUNGEN	10, 17 & 21 Jahre. @ 43 Vol%. USA: Reserve @ 52.5 Vol%, gebrannt am 27. 11. 1967.

VERKOSTUNG	17 Jahre
DUFT	Erfrischend, Eichen- und Fruchtaroma mit einem cremigen Hauch von Toffée.
GESCHMACK	Leicht, weich mit einer Spur von Vanille. Langer, weicher Abgang, .
ANMERKUNGEN	Beeindruckender Whisky aus ungetorftemMalz.

MALT		**The Glenturret**
	✉	The Hosh, CRIEFF, Perthshire PH7 4HA
	☏	0044-1764-656565
	🖷	0044-1764-654366
MANAGER		Neil Cameron
EIGENTÜMER		Highland Distillers
STATUS		In Betrieb
GRÜNDUNG		1775
WASSER		Loch Turret
	🛢	Eiche: gebrauchte Whisky- und ex-Sherry-Fässer
	⚗	1
	⚗	1

🏭

    🏭🎁▣♿

☏ 0044-1764-656565

🖷 0044-1764-654366

Ganzjährig geöffnet. Audeo-visuell: Water of Life, Ausstellung: Spirit of the Glen. Direktor für Tourismus: Derek Brown.

BESONDERHEITEN	Smuggler's Restaurant.
AUSZEICHNUNGEN	1974/81/91 IWSC: Goldmedaille
BESUCHER	228.416 im Jahr 1996

ALTER BEI ABFÜLLUNG	12, 15 & 18 Jahre
ALKOHOLGEHALT	40 Vol%; 15 Jahre: 50 Vol%
SONDERABFÜLLUNGEN	1966 @ 40 Vol% (27 Jahre)
EXPORTABFÜLLUNGEN	12 Jahre & Malt Liqueur

VERKOSTUNG	12 Jahre
DUFT	Sehr beeindruckender aromatischer Geruch. Delikat und süß.
GESCHMACK	Voller kräftiger Körper mit einer Fülle an Aromen. Angenehmer Abgang.
ANMERKUNGEN	Sehr feiner Tropfen aus Schottlands vermutlich ältester Brennerei.

MALT	**Inchmurrin**
BRENNEREI	Loch Lomond
✉	ALEXANDRIA, Dunbartonshire G83 0TL
☎	0044-1389-752781
🖷	0044-1389-757977
MANAGER	J. Peterson
EIGENTÜMER	Loch Lomond Distillery Co Ltd
STATUS	In Betrieb
GRÜNDUNG	1966
WASSER	Loch Lomond
🛢	Ex-Bourbon
🥃	2
🥃	2

ALTER BEI ABFÜLLUNG	10 Jahre
ALKOHOLGEHALT	40 Vol%

VERKOSTUNG	
DUFT	Leicht aromatisch, entfaltet sich fein und trocken auf dem Gaumen.
GESCHMACK	Leichter Körper, zartes Versprechen von Süße. Aromaentwicklung im vorderen Teil des Mundes, daher schneller Abgang.
ANMERKUNGEN	Malt für jede Tageszeit.

MALT	**Old Rhosdhu**
BRENNEREI	Loch Lomond
✉	ALEXANDRIA, Dunbartonshire G83 0TL
☏	0044-1389-752781
🖶	0044-1389-757977
MANAGER	J. Peterson
EIGENTÜMER	Loch Lomond Distillery Co Ltd
STATUS	In Betrieb
GRÜNDUNG	1966
WASSER	Loch Lomond
🛢	Ex-Bourbon
🍾	2
🍾	2

ALTER BEI ABFÜLLUNG	5 Jahre
ALKOHOLGEHALT	40 Vol%

VERKOSTUNG

DUFT	Aromatisch, kräftig, malzig und süß.
GESCHMACK	Leichter Körper, süß und klar. Aromaentwicklung im vorderen Teil des Mundes, verfliegt daher schnell.
ANMERKUNGEN	Ein Malt für jede Tageszeit.

MALT	**Tullibardine**
	(Tulli-bárdin)
✉	Blackford, AUCHTERARDER, Perthshire PH4 1QG
☎	0044-1764-682252
EIGENTÜMER	Jim Beam Brands (Greater Europe) plc
STATUS	Nicht in Betrieb
GRÜNDUNG	1949
WASSER	The Ochil Hills
🛢	Amerikanische Weiße Eiche
🥃	2
🥃	2

ALTER BEI ABFÜLLUNG	10 Jahre
ALKOHOLGEHALT	40 Vol%
SONDERABFÜLLUNGEN	25 Jahre Stillman's Dram - nur gelegentlich abgefüllt.
EXPORTABFÜLLUNGEN	43 Vol%

VERKOSTUNG

DUFT	Feines, ausgereiftes, süßes Fruchtaroma.
GESCHMACK	Voller Körper, mit fruchtigem Aroma. Anhaltender Abgang von süßem Malz.
ANMERKUNGEN	Ein Aperitif aus einer weiteren von W. Delmé-Evans er-bauten Brennerei.

DAS WESTLICHE HOCHLAND

MALT	**Ben Nevis**
✉	FORT WILLIAM, Inverness-shire PH33 6TJ
✆	0044-1397-702476
🖷	0044-1397-702768
MANAGER	Colin Ross
EIGENTÜMER	Ben Nevis Distillery (Fort William) Ltd
STATUS	In Betrieb
GRÜNDUNG	1825
WASSER	Allt a Mhullin am Ben Nevis
	Aufgearbeitete Bourbon hogsheads und frische ex-Sherry butts.
	2
	2

🏭 🌾 ▣ ♿

✆	0044-1397-700200
	Sept.- Juni: Mo-Fr: 09.00-17.00. Juli - Aug.: Mo-Fr: 09.00-19.30, Sa: 10.00-16.00. Gruppen nur nach Anmeldung. Eintrtt wird bei Einkauf verrechnet.
BESONDERHEITEN	Tearoom.
AUSZEICHNUNGEN	ASVA empfohlen
BESUCHER	30.000 pro Jahr

ALTER BEI ABFÜLLUNG	26 Jahre
ALKOHOLGEHALT	53.1 Vol% (Faßstärke)

VERKOSTUNG	
DUFT	Süßes, malziges Bukett, ausgeprägter Anflug von Rauch und Vanille. Beeindruckend.
GESCHMACK	Voller Körper, kräftig, aromatisch mit recht langem Abgang.
ANMERKUNGEN	Mit ein wenig Wasser ein recht angenehmer Digestif. Selten. Alkoholgehalt bei jeder Abfüllung anders.

43% vol   70 cl e

MALT	**Oban**
	✉ Stafford Street, OBAN, Argyll PA34 5NH
	☎ 0044-1631-572000
	🖶 0044-1631-572006
MANAGER	Ian Williams
EIGENTÜMER	UDV
STATUS	In Betrieb
GRÜNDUNG	1794
WASSER	Loch Gleann a'Bhearraidh
	🛢 Ex-Bourbon
	⚗ 1
	⚗ 1

🎔

    🚗♿▣👥♿

☎ 0044-1631-572004

🖶 0044-1631-572011

Ganzjährig geöffnet, Mo-Fr: 09.30-17.00. Ostern - Okt.: Sa: 09.30-17.00. Juli - Sept.: Mo-Sa: 09.30-20.30. Dez. - Feb.: nach Anmeldung. Gruppen nur nach Anmeldung. Eintritt wird bei Einkauf verrechnet.

| AUSZEICHNUNGEN | STB empfohlen |
| BESUCHER | 40,000 pro Jahr |

ALTER BEI ABFÜLLUNG	14 Jahre
ALKOHOLGEHALT	43 Vol%
SONDERABFÜLLUNGEN	Distillers Edition, 1980

VERKOSTUNG

DUFT	Frischer Hauch von Torf mit eine deutlichen, aber angenehmen Süße.
GESCHMACK	Gutes, malziges Aroma. Cremig süßer Abgang
ANMERKUNGEN	Ein Tropfen für jede Gelegenheit aus den Classic Malts von UDV.

Das Tiefland

DER heutige Unterschied zwischen einem Malt aus dem Highland und aus dem Lowland liegt nur im Geschmack; in der Vergangenheit gab es stärkere Unterschiede, besonders in der Qualität. So galten zu Ende des 18. Jahrhunderts die Destillate einer abgeschieden gelegenen Highland Brennerei als bekömmliche, gute handwerkliche Erzeugnisse und erfreuten sich einer großen Nachfrage auf den Märkten der Städte. Die Lowland Brennereien brannten hingegen in großen industriellen Brennblasen einen recht rauhen Whisky (nur selten allein aus gemälzter Gerste), um sowohl die Kunden in den Städten als auch den lukrativen Londoner Markt zu beliefern. Die Einstufung der Destillate in zwei Gruppen wurde durch die legalen Brenner im Lowland geschaffen, die aggressiv alle bestehenden gesetzlichen Vorteile für sich nutzten. Weiter gefördert wurde die Differenzierung durch die Schaffung der imaginären "Highland Linie", die sich von Greenock am Clyde bis nach Dundee am Tay erstreckt und das Land in zwei Bereiche mit unterschiedlichen gesetzlichen Reglementierungen aufteilte - und so einen Vergleich der Destillate zusätzlich erschwerte.

Die technischen Unterschiede wurden schließlich zu Beginn des 19. Jahrhunderts durch eine den Gegebenheiten besser angepaßte Gesetzgebung abgebaut, die alle Schwarzbrenner ermutigte, künftig legal zu brennen.

Durch die Schließung der großen Grain Brennereien in und um Edinburgh herum erinnert nur noch wenig an die Zeiten des immensen Einflusses dieser Unternehmen auf den Bereich des Central Belt in Schottland.

Trotzdem waren bis in das späte 19. Jahrhundert die Lowland Brennereien in der Überzahl. In der abgelegenen südwestlichen Ecke verteilten sich gut ein Dutzend Betriebe von Stranraer bis nach Annan. Von ihnen ist nur noch Bladnoch übrig geblieben, die allerdings - nachdem sie für einige Zeit stillgelegt war - 1998 die Produktion wieder aufgenommen hat. Die Überreste zweier Brennereien bei Langholm (Glen Tarras und Langholm) und von Annandale bei Annan sind noch zu sehen, aber nur noch als Erinnerungstücke an eine längst vergangene Epoche. Die meisten Lowland Malts werden heute im Norden der Region entlang der "Highland Linie" gebrannt. Bei Glasgow liegt nördlich des Clyde direkt an der A 82 zum Loch Lomond die Auchentoshan Brennerei, in der noch heute die Technik des Dreifachbrennens eingesetzt wird. Die nahe-gelegene, aber kürzlich geschlossene Littlemill Brennerei bei Bowling brannte bis 1930 ebenfalls dreifach. Kinclaith, schon länger geschlossen, ist noch - aber recht selten - im Handel

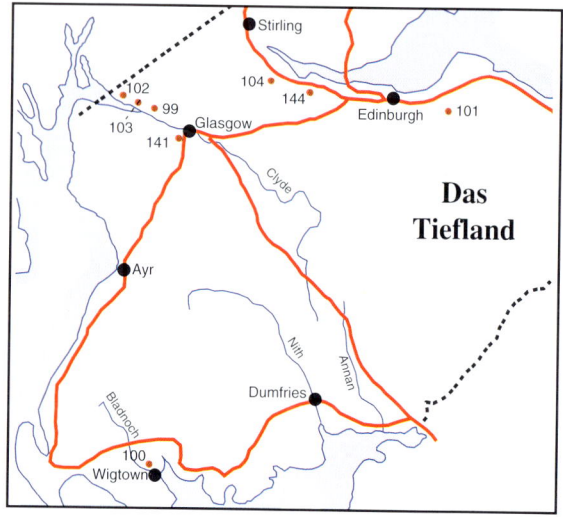

Das Tiefland

erhältlich. Ein weiterer Malt in einer ähnlichen Lage ist In-verleven, der bis 1991 aus der kuriosen "Lomond" Brennblase in einer Malt Brennerei mitten in der riesigen Grain Brennerei von Allied Distillers bei Dumbarton floß.

Auch bei Rosebank nahe Falkirk entstand ein dreifach gebrannter Malt. Er ist ein großer Lowland Malt, geschätzt als Aperitif und eine wundervolle Über-raschung für jeden, der seinen ersten Malt Whisky trinkt. Obwohl 1993 ein-gemottet wurde, besteht inzwischen die Chance einer Wiederinbetriebnahme von Rosebank im Rahmen der Erneuerung des Forth & Clyde Kanals, die bis zur Jahrtausendwende abgeschlossen sein soll. St. Magdalene ist inzwischen ab-gerissen, doch der Malt ist hin und wieder in der Rare Malts Selection von United Distillers erhältlich.

Östlich von Edinburgh war die Glenkinchie Brennerei, Pencaitland, Vorreiter in der Betreuung von Besuchern und dort wurde jetzt ein völlig neues Zentrum eröffnet, das ein besonders abgerundetes Erlebnis für Besucher zu bieten hat. Ein absolutes Muß für alle, die Edinburgh besuchen.

Whisky und Essen

Dadurch, daß der Einfluß von Torf, Seetang und salzigen Elementen in den Lowlands wenig ausgeprägt ist, kann dieser Malt eine Sanftheit und malzige Fruchtigkeit entfalten, die manchmal sogar sanft, süß und limonenartig erscheint und deshalb mit feinem Räucherfisch und vielen Käsesorten harmoniert. Kein liebevoll vorbereiteter Picnickorb sollte ohne eine Flasche Lowland auskommen.

Glenkinchie (10 Jahre alt) *zu traditionellem Schottischem Räucherlachs*

Littlemill (8 Jahre alt) *zu* Stichill *oder* Kelsae Käse *und* Oat Cakes

MALT		**Auchentoshan**
	✉	DALMUIR, Dunbartonshire G81 4SG
	☎	0044-1389-878561
	🖷	0044-1389-877368
MANAGER		Stuart Hodkinson
EIGENTÜMER		Morrison Bowmore Distillers Ltd
STATUS		In Betrieb
GRÜNDUNG		1823
WASSER		Kilpatrick Hills
	🛢	Ex-Bourbon und Sherry
	🍶	1
	🍶	1

AUSZEICHNUNGEN	1992/94 IWSC: Goldmedaille : 21 Jahre

ALTER BEI ABFÜLLUNG	Ohne Altersangabe (Select), 10 & 21 Jahre
ALKOHOLGEHALT	Select & 10 Jahre: 40 Vol%; 21 Jahre: 43 Vol%
SONDERABFÜLLUNGEN	22 & 25 Jahre Keramik @ 43 Vol%

VERKOSTUNG	
DUFT	Zarte, feine Süße, leicht grasig.
GESCHMACK	Leichte, feine Süße. Leicht fruchtiger Abgang.
ANMERKUNGEN	Nach alter Tradition des Lowland dreifach gebrannter Malt. Überall zu kaufen.

LOWLAND
SINGLE MALT
SCOTCH WHISKY

The Broad Leaved Helleborine,
a rare species of wild orchid, can be found growing
in the ancient oak woodland behind the

BLADNOCH

distillery. The most southerly in SCOTLAND,
founded in the early 1800's, the
distillery stands by the RIVER BLADNOCH
near Wigtown. It produces a distinctive
LOWLAND single MALT WHISKY - delicate and
fruity with a lemony aroma and taste

AGED **10** YEARS

43% vol   70cl

MALT	## Bladnoch
✉	BLADNOCH, Wigtownshire DG8 9AB
☎	0044-1988-402235
🖷	0044-1988-402605
MANAGER	Raymond Armstrong
EIGENTÜMER	Co-ordinated Development Services Ltd
STATUS	Wird nur zeitweise betrieben
GRÜNDUNG	1817
WASSER	River Bladnoch
🛢	Ex-Bourbon und Sherry
⚗	1
⚗	1

🏛	⚒🍷▣♿
☎	0044-1988-402605
	Ostern - Okt.: Mo-Fr: 10.00-16.00. Nov.- Dez.: 11.00-15.30.
BESONDERHEITEN	Wald- und Flußwanderwege, Picknick , Fischen, Kanu-fahren, Camping, kulturelle Veranstaltungen. Wigtown ist Schottlands Bücherstadt.
BESUCHER	20.000 pro Jahr

ALTER BEI ABFÜLLUNG	10 Jahre
ALKOHOLGEHALT	43 Vol%
VERKOSTUNG	

DUFT	Sehr leicht, fein und fruchtig.
GESCHMACK	Weich, delikat und süß - doch voll und anregend.
ANMERKUNGEN	Seit 1998 wird wieder im bescheidenen Umfang ge-brannt. Ein gern gesehener Neuanfang.

MALT	**Glenkinchie**
✉	PENCAITLAND, East Lothian EH34 5ET
☏	0044-1875-342003
🖷	0044-1875-342001
MANAGER	Brian Bisset
EIGENTÜMER	UDV
STATUS	In Betrieb
GRÜNDUNG	1837
WASSER	Lammermuir Hills
🛢	Ex-Bourbon
🛢	1
🛢	1

🏨

☏	0044-1875-342002
🖷	0044-1875-342007
	Eine beeindruckende Anlage. Bei einer Reise nach Edinburgh unbedingt besuchen. Ganzjährig geöffnet. Mo-Fr: 09.30-17.00. Mai - Sept.: Sa: 09.00-16.00, So: 12.00-16.00. Gruppen nach Anmeldung. Eintritt wird bei Einkauf verrechnet.
BESUCHER	20.000 pro Jahr

ALTER BEI ABFÜLLUNG	10 Jahre
ALKOHOLGEHALT	43 Vol%
SONDERABFÜLLUNGEN	Distillers Edition, 1986

VERKOSTUNG	
DUFT	Leichte, angenehme Süße mit einer Spur von Torf.
GESCHMACK	Ausgereiftes Aroma, etwas trocken, aber dabei weich. Gut ausbalanciert..
ANMERKUNGEN	Exzellenter Aperitif aus den Classic Malts von UDV.

MALT	**Inverleven**
✉	DUMBARTON, Dunbartonshire G82 1ND
☎	0044-1389-765111
📠	0044-1389-723081
EIGENTÜMER	Allied Distillers Ltd
STATUS	Stillgelegt 1991
GRÜNDUNG	1938
WASSER	Loch Lomond
🛢	Ex-Bourbon
🥃	1
🥃	1

VERKOSTUNG	17 Jahre, 46 Vol%
DUFT	Zarter Hauch von Rauch, leicht trocken..
GESCHMACK	Recht voller Körper, sanft bei abgerundetem Geschmack. Hauch von Frucht.
ANMERKUNGEN	Selten. Nur bei den Unabhängigen Abfüllern zu kaufen. Siehe Seite 153-154.

MALT	**Littlemill**
	⊠ BOWLING, Dunbartonshire G60 5BG
	☎ 0044-1389-874154
MANAGER	J. Peterson
EIGENTÜMER	Loch Lomond Distillery Co Ltd
STATUS	Stillgelegt 1992
GRÜNDUNG	1772
WASSER	Kilpatrick Hills
	🛢 Ex-Bourbon
	🍶 1
	🍶 1

ALTER BEI ABFÜLLUNG	8 Jahre
ALKOHOLGEHALT	40 Vol%
EXPORTABFÜLLUNGEN	40 & 43 Vol%

VERKOSTUNG	
DUFT	Leicht und delikat, trocken und fruchtig.
GESCHMACK	Leichter, milder Geschmack, ein wenig abstoßend und doch anziehend zugleich..
ANMERKUNGEN	Aperitif aus einer Brennerei voller interessanter, überraschender Eigenarten. Wohl eine der ältetsten Brennereien Schottlands, aber ihre Tage scheinen gezählt.

MALT	**Rosebank**
✉	Camelon, FALKIRK, Stirlingshire FK1 5BW
☎	0044-1324-623325
EIGENTÜMER	UDV
STATUS	Stillgelegt 1993
GRÜNDUNG	ca. 1840
WASSER	Carron Valley Stausee
🛢	Ex-Bourbon
⚗	1
⚗	2

ALTER BEI ABFÜLLUNG	12 Jahre
ALKOHOLGEHALT	43 Vol%
SONDERABFÜLLUNGEN	1981 @ 63.9 Vol%

VERKOSTUNG

DUFT	Leicht, delikater Hauch von Süße aus Äpfeln.
GESCHMACK	Voll ausgereift, guter Geschmack mit einem Hauch von Zitrusfrucht bei angenehmer Strenge,
ANMERKUNGEN	Dreifach gebrannter Malt, geeignet als Aperitif. Das Wiederaufleben des Forth & Clyde Kanals rettet vielleicht diesen Malt.

Islay

VON allen schottischen Malts sind die Islay Malts wahrscheinlich am leichtesten zu erkennen. Aber vielleicht überraschen deshalb einige aus dieser Gruppe, deren Malts die Kenner zu den schwersten und kräftigsten auf dem Markt zählen. Ihre auffallenden Eigenschaften verdanken sie den Herstellungsmethoden und dem Zusammenspiel der in dieser entlegenen Region für den Produktionsprozess verfügbaren Zutaten.

Während die Märkte des Festlandes im 18. Und 19. Jahrhundert durch Brennereien der dortigen Bereiche versorgt wurden, bedienten die Insulaner ihren heimischen Markt aus - legalen wie illegalen - Brennblasen, die auf Bauernhöfen, in Einöden im kahlen Moor oberhalb von Port Ellen und in den abgelegenen Höhlen entlang der Steilküste von Oa betrieben wurden.

Islay, bekannt als die fruchtbarste Insel in den Hebriden, hatte drei große Vorzüge für die Entwicklung der Malts: eine gute Versorgung mit heimischer Gerste oder 'bere', unerschöpfliche Vorräte an Torf und Bäche, randvoll mit weichem Wasser. Hinzu kommt die Vermutung, daß die Kunst des Brennens im 15. Jahrhundert aus Irland über Islay nach Schottland gelangte. Es ist unmöglich, Islay zu besuchen und den Torf nicht zu sehen. Entlang der Straße von Port Ellen über das nahezu unendliche Laggan Moore nach Bowmore erstrecken sich zu beiden Seiten die Torfstiche soweit das Auge reicht. Torf war der einzige Brennstoff, mit dem die Inselbewohner das Getreide trocknen konnten; dies war nicht nur zum Whiskybrennen, sondern auch für die Lagerung in den feuchten Jahreszeiten unentbehrlich. Nach dem Darren war die Gerste länger haltbar, und je trockener das Getreide, desto geringer war die Gefahr des Verschimmelns.

Während das Getreide im Rauche trocknet, überträgt der Torf eben jenes typische Aroma auf die Gerste, das auch beim Brennen auf den Alkohol übergeht. Diese charakteristischen Eigenschaften sind auch in den heutigen Islay Malts enthalten und lassen sich besonders erfahren im Ardbeg, Laphroaig und Lagavulin, den drei Vertretern des traditionellen Islay Malts. Die anderen Islay Malts zeigen diesen typisch rauchig-torfigen Geschmack zwar weniger ausgeprägt, aber er ist trotzdem vorhanden.

Es ist gut zu wissen, daß die Brenner auf Islay trotz der abgeschiedenen Lage

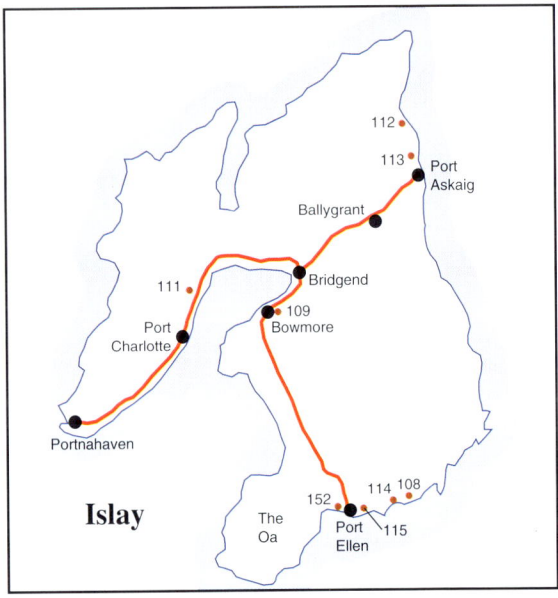

ORDNUNGSZAHL DER BRENNEREI ENTSPRICHT DER SEITENZAHL.

der Betriebe immer Zeit für Besucher haben; einige der Brennereien sind außerdem recht malerisch gelegen. Alle haben sie eines gemeinsam - die Lage am Meeresstrand. Hierdurch haben diese Betriebe einen Zugang zum Meer und im letzten Jahrhundert bestand so die Möglichkeit einer kostengünstigen Belieferung der Märkte auf dem Festland. Die kleinen Brennereien auf den Bauernhöfen im Innern der Insel hatten durch die Lage höhere Kosten, waren dadurch nicht mehr konkurrenzfähig und schlossen eine nach der anderen. Man kann noch heute Überreste dieser alten Brennereien finden, so z.B. auf der Octomore Farm nahe Port Charlotte, auf der Tallant Farm oberhalb von Bowmore und auf Lossit Kennels nahe Bridgend. Von den heutigen Brennereien ist wohl Bowmore für Besucher besonders sehenswert, aber auch Laproaig, Lagavulin und neuerdings auch Ardbeg sind sehr an Besuchern interessiert.

So traurig es auch ist, aber die Port Ellen Brennerei wird nie wieder produzieren und obwohl Bruichladdich noch gelegentlich in Betrieb ist, ist auch hier die Zukunft nicht gesichert. Die an Port Ellen angegliederte Mälzerei versorgt nicht nur Lagavulin und Caol Ila mit Malz, sondern auch einige der anderen, nicht zu UDV gehörenden Brennereien.

Bruichladdich, die - wie Bunnahabhain - einen der leichteren Islay Malts herstellt, wurde 1881 als eine der ersten Brennereien auf den Hebriden in Beton erbaut. In der Nähe von Port Askaig, dort wo man die Fähre nach Jura nimmt, liegen Caol Ila und Bunnhabhain mit einem atemberaubenden Blick auf die Paps von Jura. Caol Ila ist eine der modernsten und leistungsfähigsten Brennereien überhaupt und allein schon das Brennhaus ist einen Besuch Wert. Das Destillat ist ein hervorragender Islay, ebenso wie der 1880-81 erbaute Nachbar Bunnahabhain.

Bunnahabhain gilt als ein sehr guter Einstieg in die Islay Malts, weil er weder zu schwer noch zu leicht ist und so zählt er auch zu den beliebtesten Islays über-haupt. Den Islay Malts sollte man stets große Achtung zollen. denn die Master-Blender stufen sie als essentielle Komponenten ein, ohne die für das Kompo-nieren der Grundlage des Erfolges dieses Wirtschaftszweiges, den Blends nur noch eine stark reduzierte Palette an Malts übrig bliebe.

Whisky und Essen

Ganz einfach, diese Whiskies sind in sich schon so aromatisch, daß es nur wenige Speisen gibt, die nicht mit ihnen harmonieren. Wurstspezialitäten von Kontinent passen zu Blauschimmelkäse und frischen Nüßen. Mein Vorschlag er-setzt daher Käse mit Port.

Bowmore (10 Jahre alt) zu Lanark Blauschimmelkäse,
Haselnüssen und Oatcakes

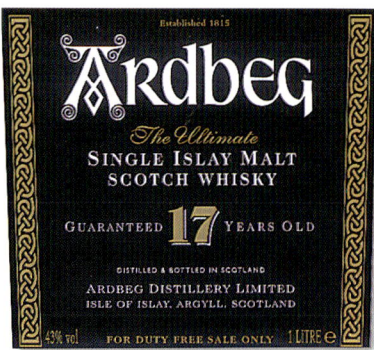

MALT	**Ardbeg**
	✉ PORT ELLEN, Islay, Argyll PA42 7DU
	☎ 0044-1496-302244
	📠 0044-1496-302040
MANAGER	Stuart Thomson
EIGENTÜMER	Glenmorangie plc
STATUS	In Betrieb
GRÜNDUNG	1815
WASSER	Loch Uigeadale und Loch Iarnam
	🛢 Barrels aus amerikanischer Eiche
	♨ 1
	♨ 1

ⵌ	♿🖼♿
	Ganzjährig geöffnet. Mo-Fr: 10.00-16.00. Juni - Aug.: Sa: 10.00-16.00. Eintritt £2 , wird bei Einkauf verrechnet.
BESONDERHEITEN	The Old Kiln Coffee Shop

ALTER BEI ABFÜLLUNG	1978 & 17 Jahre
ALKOHOLGEHALT	1978: 43 Vol%, 17 Jahre: 40 Vol%
SONDERABFÜLLUNGEN	30 Jahre @ 43 Vol%; Provenance, 1974 @ 55.6 Vol%

VERKOSTUNG	17 Jahre
DUFT	Herrlich torfiges Aroma mit einer Spur von Süße.
GESCHMACK	Voller Körper, köstlich mit einem intensiven Islay-Aroma. Exzellenter Abgang
ANMERKUNGEN	Ein überwältigender Digestif, jetzt neu abgefüllt. Kein Malt für Einsteiger!? Preis für eine Flasche des Provenance £250.

MALT	**Bowmore**
	(Bou-mór)
✉	BOWMORE, Islay, Argyll PA43 7JS
☎	0044-1496-810441
📠	0044-1496-810757
MANAGER	Islay Campbell
EIGENTÜMER	Morrison Bowmore Distillers Ltd
STATUS	In Betrieb
GRÜNDUNG	1779
WASSER	River Laggan
🛢	Ex-Bourbon und Sherry
🏛	Tennenmälzen (floor maltings)
🔥	2
⚗	2

	♿ 🍴 📷 ♿
☎	0044-1496-810441
	Ganzjährig geöffnet. Mo-Fr: Führungen um 10.30 & 14.00. Mai - Ok.t: 11.30 & 15.00. Sa: 10.30. Gruppen nach Anmeldung. Eintritt £2, wird bei Einkauf verrechnet.
AUSZEICHNUNGEN	1996 IWSC: Bester Single Malt bis 12 Jahre : Legend.
BESUCHER	10.000 pro Jahr

ALTER BEI ABFÜLLUNG	Ohne Altersangabe (Legend, Darkest), 12, 15 (Mariner), 17& 21 Jahre
ALKOHOLGEHALT	Legend & 12 Jahre: 40 Vol%; alle anderen: 43 Vol%
SONDERABFÜLLUNGEN	Cask Strength @ 56 Vol%; 25 & 30 Jahre Keramik @ 43 Vol%

EXPORTABFÜLLUNGEN   Legend, 12, 17, 21, 22, 25 & 30 Jahre, Black.

VERKOSTUNG	12 Jahre
DUFT	Leicht, torfig-rauchig, mit einem betörenden Aroma von Geißblatt.
GESCHMACK	Mittlere Körper, kraftvoll, leicht torfig mit gutem Abgang.
ANMERKUNGEN	Ein guter Islay, aber zu viele Abfüllungen. Ein Malt für Jedermann. Das Hallenbad neben dem Eingang zur Brennerei wird durch die Abwärme des Betriebes beheizt!

MALT	**Bruichladdich**
	(Bru-ík-laddie)
✉	BRUICHLADDICH, Islay, Argyll PA49 7UN
☎	0044-1496-850221
MANAGER	Willie Tait
EIGENTÜMER	Jim Beam Brands (Greater Europe) plc
STATUS	Nur zeitweise betrieben
GRÜNDUNG	1881
WASSER	Eigener Stausee
♨	2
♨	2

ALTER BEI ABFÜLLUNG	10, 15 & 21 Jahre
ALKOHOLGEHALT	40 Vol%
SONDERABFÜLLUNGEN	Stillman's Dram, jetzt 26 Jahre
EXPORTABFÜLLUNGEN	10, 15 & 21 Jahre, 40 & 43 Vol%

VERKOSTUNG	10 Jahre
DUFT	Leicht bis mittel mit ausgeprägtem Hauch von Rauch, etwas trocken.
GESCHMACK	Anhaltendes Aroma, das die erwartete Vielfalt eines Islay aufweist, während die schweren Nuancen fehlen.
ANMERKUNGEN	Guter Aperitif. Idealer Einstieg in die Eigenarten des Islay Malt. Der Fünfzehnjährige ist hervorragend.

MALT	**Bunnahabhain**
	(Búnna-hé-ven)
✉	PORT ASKAIG, Islay, Argyll PA46 7RP
☎	0044-1496-840646
🖶	0044-1496-840248
MANAGER	Hamish Proctor
EIGENTÜMER	Highland Distillers
STATUS	In Betrieb
GRÜNDUNG	1881
WASSER	Margadale Springs
🛢	Ex-Bourbon
🗲	2
🛢	2

🎗

🍶🍷

Ganzjährig geöffnet. Mo-Fr: 10.00-16.00. Nur nach Anmeldung.

BESUCHER	1.000 pro Jahr

ALTER BEI ABFÜLLUNG	12 Jahre
ALKOHOLGEHALT	40 Vol%
EXPORTABFÜLLUNGEN	43 Vol%

VERKOSTUNG

DUFT	Ausgeprägte, aber dennoch delikate Süße mit blumigem Aroma.
GESCHMACK	Erinnert nicht an einen typischen Islay Malt, aber dennoch ein herrlich ausgereifter Geschmack. Gedämpft rauchig im Abgang.
ANMERKUNGEN	Ein beliebter Digestif, besonders in Frankreich und Amerika.

MALT	**Caol Ila**
	(Kall-íela)
✉	PORT ASKAIG, Islay, Argyll PA46 7RL
☎	0044-1496-840207
🖷	0044-1496-840660
MANAGER	Mike Nicolson
EIGENTÜMER	UDV
STATUS	In Betrieb
GRÜNDUNG	1846
WASSER	Loch Nam Ban
🛢	Ex-Bourbon und Sherry
🍶	3
🍶	3

	♿ 🖿
	Ganzjährig geöffnet. Mo-Fr.: nur nach Anmeldung.Eintrittsgebühr wird bei Einkauf verrechnet.
BESONDERHEITEN	Der Blick aus dem Brennhaus hinüber zur Isle of Jura!
BESUCHER	2.000 pro Jahr

ALTER BEI ABFÜLLUNG	15 Jahre
ALKOHOLGEHALT	43 Vol%
SONDERABFÜLLUNGEN	21 Jahre @ 61.3 Vol% Rare Malts Selection; 1981 @ 63.8 Vol%

VERKOSTUNG	15 Jahre
DUFT	Leicht, frisch; nur wenig getorft, aber dennoch ein Islay.
GESCHMACK	Mittlerer Körper, trockenes abgerundetes Aroma. Weicher Abgang. Nicht so schwer wie andere Islay - aber ausreichend torfig.
ANMERKUNGEN	Beliebter Digestif. Sherryfaß-Abfüllungen sind hervorragend.

MALT	**Lagavulin**
	(Laga-vúlin)
✉	PORT ELLEN, Islay, Argyll PA42 7DZ
☎	0044-1496-302400/250
🖷	0044-1496-302321
MANAGER	Mike Nicolson
EIGENTÜMER	UDV
STATUS	In Betrieb
GRÜNDUNG	1816, aber schon vor 1784 wurde hier (schwarz) gebrannt.
WASSER	Solum Lochs
🛢	Ex-Bourbon und Sherry
⚗	2
⚗	2

🏭	🚽🖥
☎	0044-1496-302217
	Ganzjährig geöffnet. Mo-Fr.: nur nach Anmeldung. Eintritt wird bei Einkauf verrechnet.
BESONDERHEITEN	Nahegelegen Ruine der Macdonald Festung Dun Naomhaig (Dunn-aaweg).
BESUCHER	3.000 pro Jahr

ALTER BEI ABFÜLLUNG	16 Jahre
ALKOHOLGEHALT	43 Vol%
SONDERABFÜLLUNGEN	Distillers Edition, 1979

VERKOSTUNG

DUFT	Schwer, kräftig, Torfrauch. Ausgeprägt kräftiger Islay mit Sherry-Aroma.
GESCHMACK	Robuster kräftiger Körper, gut ausbalanziert und weich mit einem Hauch von Sherry-Süße im Geschmack. Anhaltender Abgang.
ANMERKUNGEN	Einer der Classic Malts von UDV. Bemerkenswerter Islay Malt und ein guter Tropfen zum Abrunden einer kräftigen Mahlzeit.

LAPHROAIG®

AGED 15 YEARS

SINGLE ISLAY MALT
SCOTCH WHISKY

"The most richly flavoured of all Scotch Whiskies"

ESTD 1815

DISTILLED AND BOTTLED IN SCOTLAND BY
D. JOHNSTON & CO. (LAPHROAIG), LAPHROAIG DISTILLERY, ISLE OF ISLAY

PRODUCT OF SCOTLAND

750 ml   43% ALC/VOL

MALT	**Laphroaig**
	(La-fróyg)
	⊠ PORT ELLEN, Islay, Argyll PA42 7DU
	℅ 0044-1496-302418
	🖷 0044-1496-302496
MANAGER	Iain Henderson
EIGENTÜMER	Allied Distillers Ltd
STATUS	In Betrieb
GRÜNDUNG	1815
WASSER	Kilbride Stausee
	🛢 Ex-Kentucky Bourbon
	♨ Tennenmälzen (floor maltings)
	⚗ 3
	⚗ 4

⚙	♿
	Sept.- Juni: Mo-Do: Führungen um 10.30 & 14.30. Fr: 10.30. Nur nach Anmeldung.
BESONDERHEITEN	Lassen Sie sich bei der Brennerei als 'Friend of Laphroaig' eintragen.
AUSZEICHNUNGEN	1997 IWSC: Most Outstanding Malt : Cask Strength
BESUCHER	5.000 pro Jahr

ALTER BEI ABFÜLLUNG	10, 15 Jahre
ALKOHOLGEHALT	10 Jahre: 40 Vol%; 15 Jahre: 43 Vol%
SONDERABFÜLLUNGEN	Duty free: 1977 @ 43 Vol%; 10 Jahre Cask Strength @ 57.3 Vol%
EXPORTABFÜLLUNGEN	43 Vol%.

VERKOSTUNG	10 Jahre
DUFT	Unverwechselbar. Medizinartig, sehr ausbalanziert, torfig-rauchig. Herrlich kräftig.
GESCHMACK	Charaktervoll, kräftiger torfiger Islay-Geschmack mit einer herrlichen Spur von Süße; offenbart die Nähe der Brennerei zur See.
ANMERKUNGEN	Digestif aus einer malerisch gelegenen Brennerei; sehr beliebt.

Campbeltown

AUF der Windschattenseite des Mull of Kintyre gelegen, wurde diese Stadt vor gut hundert Jahren förmlich vom Whisky überflutet. Als Alfred Barnard 1886 sein wunderbares Buch - Die Whisky Brennereien des Vereinigten Königreiches - zusammenstellte, berichtete er von nicht weniger als 21 betriebenen Brennereien in und um Campbeltown.

Aufzulisten waren Hazelburn (gegründet 1836), Springbank (1828), Dalintober (1832), Benmore (1868), Ardlussa (1879), Dalaruan (1824), Lochead (1824), Glen Nevis (1877), Kinloch (1823), Burnside (1825), Glengyle (1873), Lochruan (1835), Albyn (1830), Scotia (1832), Rieclachan (1825), Glenside (1830), Longrow (1824), Kintyre (c1826), Campbeltown (1815), Argyll (1844) und Springside (1830).

Diese Vielzahl von Betrieben war fast wie ein Rückfall in die Zeiten, da das Schwarzbrennen in dieser Gegend sehr verbreitet war und weder von den Landbesitzern noch vom Gesetz völlig unterdrückt werden konnte. Campbeltowns Aufstieg basierte auf einem Markt für billigen Scotch in der Arbeiterschicht im Industriebereich Glasgow - Edinburgh und dem Bestreben der Brenner, diesen Markt zu versorgen - komme da, was wolle.

Ein örtliches Kohlevorkommen erschien ideal als billige Energiequelle, doch die schnelle Erschöpfung des Lagers wirkte sich fatal aus; der Zusammenbruch in der Nachfrage nach Whisky am Ende des Victorianischen Zeitalters zog in Campbeltown den Niedergang des ganzen Wirtschaftszweiges nach sich. Erinnerungen an die einstige Blütezeit finden sich in der Stadt in zahlreichen Straßennamen und alten Brennereigebäuden; tatsächlich übrig blieben nur zwei Brennereien: Glen Scotia und Springbank, von denen momentan nur noch Springbank produziert - und zwar zwei Arten von Whisky.

Es wäre nicht richtig, den Beitrag von Campbeltown zum Brennen von Malt zu vergessen, wenngleich nicht zu erwarten ist, daß weitere Brennereien wieder an diesem Ort in Betrieb gehen werden. Die Malts dieser Stadt ähneln mit ihrem einzigartigen Aroma den Destillaten von Islay. Dies trifft insbesondere für Longrow zu, hergestellt nach altüberlieferter Rezeptur. Seine Eigenschaften unterscheiden ihn deutlich vom anderen Malt dieser Brennerei, dem Springbank, der weicher und eleganter ist. Eine neuere Entwicklung bei Springbank ist das

Brennen eines Tropfens für die Jahrtausendwende, für den nur Gerste aus kontrolliert, rein biologischem Anbau ohne die Verwendung jeglicher Pflanzenschutzmittel eingesetzt wurde. Ich bin auf das Ergebnis dieser Neuerung gespannt. Barnards Besuch fiel zusammen mit dem "Goldenen Zeitalter" der Brenn-kunst in Schottland - einer Zeit, in der wir ungern würden leben wollen. Der Niedergang von Campbeltown zeigt uns wieder einmal deutlich die Unbestän-digkeit von Absatzmärkten und die schrecklichen Konsequenzen aus Aufstieg und Niedergang.

Die Stadt selber ist malerisch gelegen. Auf der einen Seite gibt die relativ ab-geschiedene Lage den Einwohnern eine gewisse Ruhe vor dem Hauptstrom der Touristen im Sommer, gleichzeitig ist Mull of Kintyre immer gut für einen Ab-stecher bei einer Reise durch Argyll. Der neu eingerichtete Fährbetrieb nach Ballycastle in Nordirland wird sicherlich die Zahl der Besucher ansteigen lassen und vielleicht werden die Malts dieser Stadt bald in einem Atemzug genannt mit seinem direkten Nachbar in Co Antrim, Bushmills.

Whisky und Essen

Die unverwechselbaren Malts aus Campbeltown sind salzig mit einer Frische, die gut zu Blauschimmelkäse und Räucherfisch paßt.

Springbank (15 Jahre alt) zu Filet vom Heilbutt im Honigmantel,
über Buchenholz geräuchert und dazu Wacholderbeeren

MALT	**Glen Scotia**
✉	12 High Street, CAMPBELTOWN, Argyll PA28 6DS
☎	0044-1586-552288
MANAGER	J. Peterson
EIGENTÜMER	Loch Lomond Distillery Co Ltd
STATUS	Stillgelegt 1994
GRÜNDUNG	1832
WASSER	Campbeltown Loch
🛢	Ex-Bourbon
🍶	1
🍶	1

ALTER BEI ABFÜLLUNG	14 Jahre
ALKOHOLGEHALT	40 Vol%
EXPORTABFÜLLUNGEN	43 Vol%

VERKOSTUNG	
DUFT	Ausgeprägtes Aroma mit einem Hauch von Rauch. Delikat und süß.
GESCHMACK	Leicht für einen Campbeltown Malt, Spur von Torf. Mittellanger Abgang, delikat, süß und klar.
ANMERKUNGEN	Aperitif. Ein wirklich guter Tropfen zu jedem Anlaß..

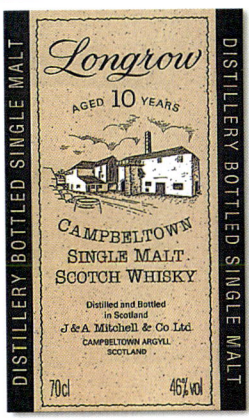

MALT	**Longrow**
BRENNEREI	Springbank
✉	CAMPBELTOWN, Argyll PA28 6ET
☎	0044-1586-552085
🖷	0044-1586-553215
MANAGER	Frank McHardy
EIGENTÜMER	J & A Mitchell & Co Ltd
STATUS	In Betrieb
GRÜNDUNG	1828
WASSER	Crosshill Loch
🛢	Refill Whisky, ex-Sherry und Bourbon
⌂	Tennenmälzen (floor maltings)
🝑	1
🝑	2
BESONDERHEITEN	Die Halle mit der Flaschenabfüllung.

ALTER BEI ABFÜLLUNG	10 Jahre
ALKOHOLGEHALT	46 Vol%

VERKOSTUNG

DUFT	Medizinartiges Aroma, getorft wie ein Island Malt, Anflug von Süße.
GESCHMACK	Gut ausbalanziert, Hauch von Rauch und Süße. Ein kräftiger malziger Geschmack, anhaltender Abgang.
ANMERKUNGEN	Gebrannt bei Springbank unter Verwendung von nur mit Torf getrocknetem Gerstenmalz. Dies ergibt einen stark torfigen Malt. Ein Getränk für Kenner aus der Abfüllung eines Faßes von 1973.

MALT	**Springbank**
✉	CAMPBELTOWN, Argyll PA28 6ET
☎	0044-1586-552085
🖷	0044-1586-553215
MANAGER	Frank McHardy
EIGENTÜMER	J & A Mitchell & Co Ltd
STATUS	In Betrieb
GRÜNDUNG	1828
EIGENTÜMER	Crosshill Loch
🛢	Refill Whisky, ex-Sherry und Bourbon
⛲	Tennenmälzen (floor maltings)
🍶	1
🍶	2

BESONDERHEITEN	Die Halle mit der Flaschenabfüllung.

ALTER BEI ABFÜLLUNG	12 & 21 Jahre
ALKOHOLGEHALT	46 Vol%
SONDERABFÜLLUNGEN	1966, local barley dsitillation @ cask strength; Chairman's Vat @ 46 Vol%

VERKOSTUNG	21Jahre
DUFT	Ausgeprägtes, kräftiges Aroma mit leichter Süße.
GESCHMACK	Gut ausbalanciert, elegant und ansprechend. Volles, kräftiges Aroma. Der Traum jedes Maltkenners.
ANMERKUNGEN	Ein zuverläßlicher Klassiker für den Freund des Malts. Vorzüglicher Digestif. Als Originalabfüllung im Handel.

Die Inseln

ARCHÄOLOGISCHE Ausgrabungen auf der Insel Rhum lassen vermuten, daß die Einheimischen der Braukunst bereits mächtig waren, lange bevor man den Iren zeitlich die Einführung ihrer schottischen Vettern in die Kunst des Brennens zuschreibt. Wm. Grant & Sons Ltd (Hersteller von Balvenie, Glenfiddich und Kininvie, sowie Eigentümer von Convalmore) haben das von Wissenschaftlern aus Einritzungen in Tonscherben rekonstruierte 4.000 Jahre alte Rezept nachvollzogen. Das aus ortsüblichen Pflanzen, Gräsern und anderer Vegetation hergestellte Gebräu erwies sich als wenig ausgereift, war aber - wie alle guten Getränke - besser nach Gewöhnung. Die letzten zwei Jahrhunderte haben die Welt langsam, aber sicher mit Scotch vertraut gemacht; doch nun können wir auch Anspruch auf eine wesentliche Rolle in der historischen Entwicklung der Brennkunst erheben und für den heutigen Besucher Schottlands findet sich diese Vergangenheit wieder in den Brennereien mit der landschaftlich schönsten Lage der Welt

Eine Ergänzung der Gruppe der Island Malts erfolgte in der letzten Zeit durch die Arran Brennerei in Lochranza, die das bei Drucklegung nunmehr 3 Jahre alte Destillat endlich legal Scotch Malt Whisky nennen darf. Meine Anmerkungen zum zweijährigen Destillat finden Sie auf Seite 124, aber ich denke, daß dieser Malt in den kommenden Jahren hervorragend werden wird. Das Besucherzentrum der Brennerei ist recht gut und die Lage ist atemberaubend.

Bedingt einerseits durch die Lage, andererseits durch die Zielvorgaben im Ge-schmack und Aroma durch die Eigner der Brennereien entstehen Island Malts mit recht unterschiedlichen Eigenschaften. Zum Beispiel Jura von der Insel nördlich von Islay kann heute fast als ein Highland Whisky eingestuft werden, während er im letzten Jahrhundert in den Eigenschaften sehr den Nachbarn auf Islay glich. Ursächlich hierfür ist, daß die 1901 geschlossene Brennerei 1963 vom William Delmé-Evans, einem Waliser Architekten für Brennbetriebe, mit einer völlig neuen Ausrüstung versehen wurde. Er baute typische Highland Brenn-blasen ein und verwendete nur leicht getorftes Malz. Auch die Tobermory Brennerei wurde im Laufe der Jahre ähnlich umgebaut und erzeugte bis zur Still-legung im Jahre 1980 unter dem Namen Ledaig unterschiedliche Destillate. Seit Mai 1990 ist diese Anlage nun erneut unter

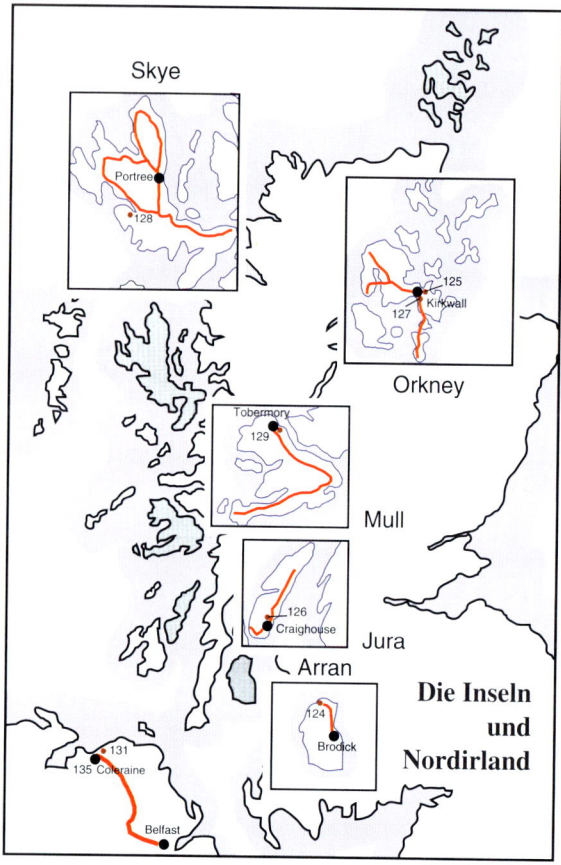

Skye

Orkney

Mull

Jura

Arran

Die Inseln und Nordirland

ORDNUNGSZAHL DER BRENNEREI ENTSPRICHT DER SEITENZAHL.

dem neuen Eigner Burn Stewart in Betrieb.

Auf Skye ist ein mehr traditioneller Geschmack zu finden; Talisker ist einer der Giganten unter den Malts. Er ist in jeder Beziehung ein "großer" Whisky mit einem sich schlagartig auf der Zunge entfaltenden Geschmack und einer wunderbaren, torfigen Süße im Aroma. Die Brennerei hat sich zwar erheblich verändert, aber es finden sich noch immer zahlreiche Relikte der alten Gerätschaften der Brennkunst des 18. Und 19. Jahrhunderts. So sind noch die schwanenhalsförmigen Rohre zu sehen, die außerhalb der Brennhauses in hölzerne Wasserbottiche führen - die gleiche Technik, die schon die Schwarzbrenner einsetzten.

Ohne Berücksichtigung des nicht verkosteten Destillates von Arran ist der Geschmack von Talisker aus den Malts der Islands und den Western Highlands wohl am Klarsten zu erkennen und Talisker wird sich durch die Aufnahme in die Auswahl der Classic Malts der UDV zusätzlich profilieren können.

Orkney ist der nördlichste Außenposten der Whiskyherstellung in Schottland - mit zwei sehr guten Malts: Highland Park und Scapa. Letztere Brennerei ist leider noch stillgelegt, aber die neue Abfüllung der jetzigen Besitzer Allied Distillers wurde vom Markt mit Freude aufgenommen. Highland Park füllt gerade einige hervorragende Jahrgänge ab, die großen Anklang finden.

Während wir uns dem neuen Jahrtausend nähern, scheint das Brennen auf den Inseln mit Arran endlich und Tobermory wieder in Betrieb endlich im Aufwind zu sein. Durchaus etwas, worauf man trinken (und essen) sollte!

Whisky und Essen

Jura

Isle of Jura, 10 Jahre alt zu reifem Cheddar Käse und Oatcakes.

Dieser Whisky eignet sich hervorragend zu Käse, je kräftiger, desto besser. Probieren Sie auch frische Walnüsse als Beilage.

Mull

Tobermory, zu geräucherten Muscheln

Die aromatische Süße des Malts und das leicht rauchige Finish sind genau richtig als Begleitung für Meeresfrüchte

Skye

Talisker, 10 Jahre, alt zu Stornoway Black Pudding,
gereicht mit einer Soße aus pürierten Äpfeln und Himbeeren

Die Aromaflut dieses Produktes der Islands ergänzt ideal eine erfrischend fruchtige Sauce

Orkney

Highland Park, 12 Jahre, alt zu geräuchertem Orkney Käse und Stockan's Oatcakes.

Es muß so sein. Die Krönung ist ein Käse, traditionel gereift in einem Hafermehlfaß - wenn man ihn denn noch irgendwo bekommen kann. Das Zusammenspiel der subtilen Trockenheit des Malts mit der rauchigen Cremigkeit des Käses ist die gegenseitige Ergänzung.

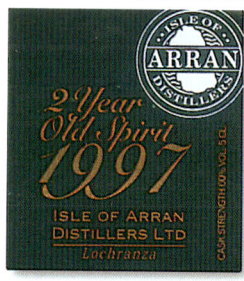

MALT	**Isle of Arran**
BRENNEREI	Lochranza
✉	Isle of Arran, Argyll KA27 8HJ
☎	0044-1770-830334
🖷	0044-1770-830611
MANAGER	Gordon Mitchell
EIGENTÜMER	Isle of Arran Distillers Ltd
STATUS	In Betrieb
GRÜNDUNG	1995
WASSER	Eason Biorach (Mountain Burn)
🛢	Ex-Sherry hogsheads, butts und puncheons
⚗	1
🍶	1

🕋

   🚻♿🅿♿

☎ 0044-1770-830264

🖷 0044-1770-830364

Mo-So: 10.00-18.00, letzte Führung um 17.00. Im Winter bitte telephonisch die Öffnungszeiten abfragen. Gruppen nach Anmeldung bei Marion Noble.

BESONDERHEITEN Führungen, Restaurant für Mittag- und Abendmahlzeiten.

BESUCHER 40.000 pro Jahr

ALTER BEI ABFÜLLUNG New spirit: First production 1995, 1 & 2 Jahre

ALKOHOLGEHALT 60 Vol%

VERKOSTUNG

DUFT Groß, abgerundetes malziges Aroma mit delikaten, süßen Tönen.

GESCHMACK Malz und Süße kommen heraus, wie bei einem jungen Destillat zu erwarten.

ANMERKUNGEN Erst ab Juni 1998 ein Whisky, wird dieser neue Tropfen eine beachtliche Zukunft haben.

MALT	**Highland Park**
	⊠ KIRKWALL, Orkney KW15 1SU
	☎ 0044-1856-873107
	📠 0044-1856-876091
MANAGER	James Robertson
EIGENTÜMER	Highland Distillers
STATUS	In Betrieb
GRÜNDUNG	1798
WASSER	Cattie Maggie's Spring
	🛢 Ex-Bourbon und Sherry
	⛲ Tennenmälzen (floor maltings)
	🍶 2
	🍶 2

🏭	♿ 👤 🖼 ♿
	☎ 0044-1856-874619
	📠 0044-1856-876091
	April - Okt.: Mo-Fr: 10.00-17.00, letzte Führung um 16.00. Juli - Aug.: Sa-So: 12.00-17.00. Nov.- März: Mo-Fr: Führung um 14.00. Zum Jahreswechsel geschlossen. Gruppen nach Anmeldung. Eintritt wird bei Einkauf verrechnet.
BESUCHER	18.000 pro Jahr

ALTER BEI ABFÜLLUNG	12, 18 & 25 Jahre
ALKOHOLGEHALT	12 Jahre: 40 Vol%; 18 Jahre: 43 Vol%; 25 Jahre: 54 Vol%
EXPORTABFÜLLUNGEN	43 Vol%

VERKOSTUNG	12 Jahre
DUFT	Voller Charakter - angenehm, anhaltend und rauchig.
GESCHMACK	Mittlerer Köper, gut ausbalanziert. Feiner, trockner Ab-gang.
ANMERKUNGEN	Ausgezeichneter Digestif. Der Achtzehnjährige ist um-werfend.

MALT	**Isle of Jura**
✉	CRAIGHOUSE, Isle of Jura, Argyll PA60 7XT
☎	0044-1496-820240
🖷	0044-1496-820344
MANAGER	Willie Tait
EIGENTÜMER	Jim Beam Brands (Greater Europe) plc
STATUS	In Betrieb
GRÜNDUNG	ca. 1810, Neubau 1960-63
WASSER	Loch A'Bhaile Mhargaidh (oder Market Loch)
🛢	Amerikanische Weiße Eiche, in geringer Zahl Oloroso Sherry butts
⚗	2
⚗	2

Sept.- Mai: Mo-Fr: 09.00-16.00, nur nach Anmeldung.

ALTER BEI ABFÜLLUNG	10 Jahre
ALKOHOLGEHALT	40%
SONDERABFÜLLUNGEN	Stillman's Dram, jetzt 26 Jahre
EXPORTABFÜLLUNGEN	43 Vol%

VERKOSTUNG	10 Jahre
DUFT	Trocken und herb. Sanft mit feiner Spur von Torf.
GESCHMACK	Gut ausgereift. Voller, aber zarter Geschmack.
ANMERKUNGEN	Fast ein Highland Malt, geschaffen von W. Delmé-Evans.

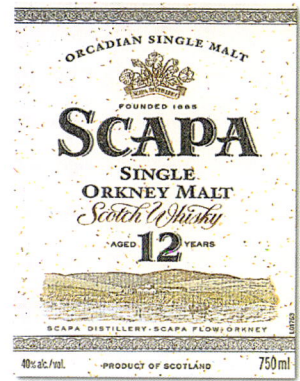

MALT	**Scapa**
✉	KIRKWALL, Orkney KW15 1SE
☎	0044-1856-872071
📠	0044-1856-876585
MANAGER	Ronnie MacDonald
EIGENTÜMER	Allied Distillers Ltd
STATUS	Stillgelegt 1994
GRÜNDUNG	1824
WASSER	Lingro Burn und örtliche Quellen
🛢	Ex-Bourbon barrels
⚗ 1	
⚗ 1	

🏠

Führungen nach Anmeldung.

ALTER BEI ABFÜLLUNG	12 Jahre
ALKOHOLGEHALT	40 Vol%

VERKOSTUNG	1985, 40 Vol%
DUFT	Ansprechendes, aromatisches Bukett von Heide und Torf.
GESCHMACK	Mittlerer Körper, malziger, süßer, seidenweicher Abgang. Gutes, festes, anhaltendes Aroma.
ANMERKUNGEN	Digestif.

MALT	**Talisker**
⊠	CARBOST, Isle of Skye, IV47 8SR
☏	0044-1478-640203
🖷	0044-1478-640401
MANAGER	Mike Copland
EIGENTÜMER	UDV
STATUS	In Betrieb
GRÜNDUNG	1830
WASSER	Cnoc-nan-Speireag (Hawkhill)
🛢	Ex-Bourbon und Sherry
🍶	2
🍶	3

🕌	♿♥■🍸
☏	0044-1478-640314
🖷	0044-1478-640401
	April - Okt.: Mo-Fr: 09.00-16.30. Juli - Aug.: Mo-Sa: 09.30-16.30. Nov.- März: Mo-Fr: 14.00-16.30. Dez.-Feb.: nur nach Anmeldung. Eintritt wird bei Einkauf verrechnet. Gruppen nur nach Anmeldung.
AUSZEICHNUNGEN	1997 IWSC: Goldmedaille. 1997 International Spirits Challenge: Bester Single Malt unter 12 Jahren.
BESUCHER	42.000 pro Jahr

ALTER BEI ABFÜLLUNG	10 Jahre
ALKOHOLGEHALT	45.8 Vol%
SONDERABFÜLLUNGEN	Distillers Edition, 1986

VERKOSTUNG	
DUFT	Schwer, süß und volles Aroma mit Anflug von Rauch.
GESCHMACK	Einzigartig voller Körper. Auf dem Gaumen entwickelt sich schnell ein Aroma von Pfirsich und Sahne, anhaltend süß, wird abgelöst durch Rauch.
ANMERKUNGEN	Hervorragender Digestif aus den Classic Malts von UDV.

MALT	**Tobermory**
	✉ TOBERMORY, Isle of Mull, Argyll PA75 6NR
	☎ 0044-1688-302645
	📠 0044-1688-302643
MANAGER	Ian Macmillan. Asst: Alan McConnochie
EIGENTÜMER	Burn Stewart Distillers plc
STATUS	In Betrieb
GRÜNDUNG	1798
WASSER	Privater See
	🛢 Hogsheads und butts aus amerikanischer und spanischer Eiche
	⚗ 2
	⚗ 2

🏭	♨♥🖼♿
	☎ 0044-1688-302647
	📠 0044-1688-302643
	Ostern - Okt.: Mo-Fr: 10.00-17.00. Okt.- Ostern nur nach Anmeldung. Gruppen nur nach Anmeldung. Eintritt wird bei Einkauf verrechnet.
BESUCHER	8.000 pro Jahr

ALTER BEI ABFÜLLUNG	Ohne Altersangabe
ALKOHOLGEHALT	40 Vol%

VERKOSTUNG	
DUFT	Feine, abgerundete Süße mit einem weichen, angenehmen Hauch von Frucht .
GESCHMACK	Leichtes bis mittleres Aroma. Süße Nuancen in guter Balance. Hauch von Rauch im Abgang
ANMERKUNGEN	Beliebter Insel Malt aus ungetorfter Gerste. Auch erhältlich als Ledaig, 1974, 43 Vol%, hergestellt aus getorfter Gerste. Siehe Seite 153-154.

Nordirland

DAS Brennen von Whiskey erfolgt heute nur noch bei Bushmills im County Antrim, doch war es früher weit mehr verbreitet mit Brennereien wie Avoniel, Connswater, Royal Irish (alle Co Antrim), Comber im Co Down und Abbey Street, Waterside, Coleraine und Limavady im Co Londonderry.

Irischer Whiskey wird aus einer Maische gebrannt, die sowohl gemälzte wie ungemälzte Gerste enthält. Der Hauptunterschied zwischen Scotch Malt und der irischen Variante liegt aber in der Zahl der Brennschritte : Irish Malt wird dreimal, Scotch Malt hingegen nur zweimal gebrannt. Viele der aromatischen Elemente, die beim Zweifachbrennen erhalten bleiben - und dem Scotch einen komplexeren Charakter geben - werden beim Dreifachbrennen entfernt und ergeben so einen leichteren Whiskey.

Die Brennerei ist gut auf den Besuch von Whiskeyliebhabern eingestellt. Sie liegt an der atemberaubenden Küste von Co Antrim mit Blick über den North Channel hin nach Schottland. Es ist dies der Meeresarm, über den die Geheimnisse des Brennens vor vielen Jahrhunderten nach Schottland gelangten. Dieser historische Hinweis ist vielleicht interessanter als die Tatsache, daß die Brennerei ihre erste Brennlizenz am 20. April 1608 erhielt. Jedoch kann auf dem Betriebsgelände auf eine bis 1276 reichende Brenntradition zurückgeblickt wer-den. Bushmills hat kürzlich einige Sonderabfüllungen hergestellt und wird so sicherstellen, daß der Wechsel des Jahrtausends nicht unbeachtet erfolgt. Un-geachtet der Entdeckungen auf Rhum steht wohl außer Zweifel, daß die Schotten einen Großteil ihrer Brennkunst den irischen Vettern verdanken.

Whiskey und Essen

Bushmills Malt, 10 Jahre alt

Dieser Whisky - mit einem vielfältigen Zusammenspiel von Aromen - wird zum Hochgenuß mit geräucherten Austern oder dem hausgemachten Fruchtkuchen aus der Brennerei.

MALT	**Bushmills**
	✉ BUSHMILLS, Co. Antrim, BT57 8XH
	ℂ 0044-1265-731521
	🖷 0044-1265-731339
MANAGER	Dave Quinn
EIGENTÜMER	Irish Distillers Group Ltd
STATUS	In Betrieb
GRÜNDUNG	1608
WASSER	St Columb's Rill
	🛢 Ex-Bourbon und Sherry, einige Port pipes
	🔥 4
	🛢 5

🏛	⚏🍴▣♿
	ℂ 0044-1265-731521
	🖷 0044-1265-731339
	Nov.- März: Mo-Fr, Führungen um 10.00, 11.00, 12.00, 13.30, 14.30, 15.30. April - Okt.: Mo-Sa: Führungen zwischen 09.30 und 16.30, So: 12.00-16.00.
BESONDERHEITEN	Giant's Causeway und Dunluce Castle.
AUSZEICHNUNGEN	1995 IWSC: Goldmedaille
BESUCHER	100.000 pro Jahr

ALTER BEI ABFÜLLUNG	10 Jahre
ALKOHOLGEHALT	40 Vol%
SONDERABFÜLLUNGEN	12 Jahre Distillery Reserve. 16 Jahre 'Three Woods'. Duty free: 10 Jahre @ 43 Vol%
EXPORTABFÜLLUNGEN	5 Jahre in Italien. 10 Jahre @43 Vol%

VERKOSTUNG	10 Jahre
DUFT	Bukett angenehm, süß, leicht rauchig mit Spuren von Sherry, Vanille und Honig.
GESCHMACK	Weich und malzig. Gut abgerundete Kombination von Aromen .
ANMERKUNGEN	Dreifachgebrannt, daher weich. Ein Malt mit steigender Beliebtheit aus der ältesten lizensierten Brennerei der Welt.

Verschwundene Brennereien

DIE nachstehenden Brennereien sind nicht mehr in Betrieb, weil sie entweder nicht mehr bestehen oder aber geschlossen wurden ohne die geringste Aussicht auf eine Wiederinbetriebnahme. Das Destillat ist meist noch aus verschiedenen Quellen erhältlich; Etiketten der Unabhängigen Abfüller wurden zusammen mit einigen aus der Reihe der Rare Malts Selection von UDV abgebildet.

Die erste Gruppe - ehemalige Brennereien - besteht aus Brennereien, die ein-fach nicht mehr vorhanden sind. In einigen Fällen bestehen zwar noch Überreste (St. Magdalene bei Linlithgow), aber diese Malts sind für immer verschwunden. Die zweite Gruppe - stillgelegte Brennereien - benennt die Brennereien, die zwar noch bestehen - aber als leere Gebäude, die auf eine andere Verwendung warten. In den meisten Fällen ist eine Wiederaufnahme der Produktion unwahr-scheinlich.

In den letzten 100 Jahren war die Ursache für das Stillegen oder Schließen einer Brennerei immer die Abhängigkeit der Whiskyindustrie vom Wechselspiel von Angebot und Nachfrage zu suchen. Meist befanden sich diese Brennereien im Besitz von Unternehmen, denen bei sinkender Nachfrage für die betreffenden Sorten auffiel, daß die Lager überquollen. Zur Senkung der laufenden Kosten wurden die Brennereien stillgelegt, dadurch ein weiteres Anwachsen der Lager-vorräte gebremst und die anfallenden Kosten für Produktion und Verwaltung reduziert. Eine Schließung ereilte in einer solchen Situation natürlich zuerst die Brennereien in abgeschiedener Lage, mit wenig bekannten Namen oder die beim Herstellen von Blended Scotch nur eine untergeordnete Rolle spielten; also Sor-ten, die nicht den Ruf, den Namen eines Malts besaßen, für die Blender zum Herstellen ihrer Markenblends unentbehrlich zu sein.

Viele dieser Brennereien waren schlecht ausgerüstet oder ihnen fehlte eine gute Verkehrsanbindung. Weiterhin waren Schließungen das direkte Ergebnis von Firmenübernahmen - wie die Whiskyindustrie sie gerade jetzt erlebt bei der Megaverschmelzung, aus der Diageo hervorging. Diese Entwicklungen haben stets zu einer Verarmung in der Vielfalt der Brennereien Schottlands geführt.

Wie schon in der letzten Auflage berichtet, wurde Lochside in Montrose zunächst geschlossen, um sie vielleicht später wieder zu eröffnen. Diese Hoffnung hat sich in der Zwischenzeit zerschlagen. Die Brennerei steht zwar noch, ist aber leer geräumt und wartet auf die Abrißbirne. Hier könnte nur noch eine Ver-waltungsanordnung helfen. Einem Freund von mir gelang kürzlich ein Schnäppchenkauf auf Mallorca: er schaffte es, einige Flaschen Lochside für den lächerlichen Preis von 1.100 Peseten (weniger als 15.- DM, inclusive Steuern) zu erstehen. Dieses frustrierende Angebot verdankt er der Tatsache, daß die spa-nischen Besitzer den Malt lieber in Spanien als in seinem Ursprungsland vertrei-ben.

Dieses Kapitel ist vor allem nostalgisch und der Hoffnung gewidmet, eine Gelegenheit zum Erwerb eines Stückchens schottischer Geschichte zu erhaschen-bevor alles für immer verloren ist. Fast alle aufgeführten Whisky sind noch bei den auf den Seiten 153-154 aufgeführten Unabhängigen Abfüllern und Händlern erhältlich. Besonders die Abfüllungen "Silent Stills" von Signatory entstammen dieser traurigen Gruppe. Sichern Sie sich eine Flasche oder besser zwei - bevor es zu spät ist.

EHEMALIGE BRENNEREIEN

MALT	**Banff**
✉	BANFF, Banffshire
STATUS	Geschlossen 1983
GRÜNDUNG	1863
🛢	Ex-Bourbon

VERKOSTUNG	1974, 40 Vol%
DUFT	Sehr leicht mit einem Hauch von Rauch. Ein wenig brennend. Trotz des leicht feurigen Abgangs ein guter Tropfen.
ANMERKUNGEN	Ein seltener Tropfen aus einer verschwundenen Brennerei. Siehe Seite 153-154.

MALT	**Coleraine**
✉	COLERAINE, Co. Antrim
STATUS	Geschlossen 1964. Nicht mehr vorhanden.
GRÜNDUNG	1820

ALTER BEI ABFÜLLUNG	34 Jahre
ALKOHOLGEHALT	57.1 Vol%

VERKOSTUNG	Keine Probe erhältlich.
ANMERKUNGEN	Bestandteil der Geschichte geworden, denn die wenigen noch vorhandenen Flaschen verschwanden in Sammlungen.

MALT	**Glen Albyn**
	⊠ INVERNESS, Inverness-shire
STATUS	Geschlossen 1983, abgerissen 1986.
GRÜNDUNG	ca. 1846
	🛢 Ex-Bourbon

VERKOSTUNG	1972, 40%
DUFT	Frisches Aroma mit einer sanften Spur von Süße und Rauch.
GESCHMACK	Gut abgerundet, malzig und rauchig, kräftiger Abgang.
ANMERKUNGEN	Nun ein Sammlerstück. Siehe Seite 153-154.

MALT	**Glen Mhor**
✉	INVERNESS, Inverness-shire
STATUS	Geschlossen 1983, abgerissen 1986.
GRÜNDUNG	1892
🛢	Ex-Bourbon

VERKOSTUNG	12 Jahre, 40 Vol%
DUFT	Leicht, süßer Duft von Haselnuß.
GESCHMACK	Leichter Körper. Sanfter, trockener Abgang mit Spur von Toffee.
ANMERKUNGEN	Ein weiteres Sammlerstück. Siehe Seite 153-154.

MALT	**Glenugie**
✉	PETERHEAD, Aberdeenshire
STATUS	Geschlossen 1983, nicht mehr vorhanden.
GRÜNDUNG	ca. 1831
🛢	Ex-Bourbon

VERKOSTUNG	1967, 40 Vol%
DUFT	Anflug von der Süße reifer Früchte.
GESCHMACK	Anfangs Hauch von Süße, dann fest, rauchig und malzig mit feinem, trockenem Abgang.
ANMERKUNGEN	Ein seltener Aperitif, siehe Seite 153-154.

MALT	**Glenury-Royal**
⊠	STONEHAVEN, Kincardineshire
EIGENTÜMER	UDV
STATUS	Geschlossen 1985. Wird geschlossen bleiben.
GRÜNDUNG	ca. 1825
WASSER	Cowie Water
🛢	Ex-Bourbon

VERKOSTUNG	1978, 43 Vol%
DUFT	Leichter Hauch von Rauch. Trockenes, fruchtig-frisches Aroma.
GESCHMACK	Leichter Körper. Langer, trockener , recht rauchiger Abgang.
ANMERKUNGEN	Ein interessanter Malt für Einsteiger, Aperitif, selten zu finden.

MALT	**Kinclaith**
	⊠ Moffat Street, GLASGOW,
EIGENTÜMER	Letzte Brennlizenz für Long John Distillers
STATUS	Abgerissen 1975.
GRÜNDUNG	1957-8

VERKOSTUNG	18 Jahre, 46 Vol%
DUFT	Leicht und rauchig mit einer spritigen Schärfe.
GESCHMACK	Voller Körper. Sanft mit angenehmen Abgang.
ANMERKUNGEN	Nicht mehr unter uns und sehr selten zu finden. Siehe Seite 153-154.

MALT	**Millburn**
	☒ INVERNESS, Inverness-shire
STATUS	Geschlossen 1985, abgerissen 1988.
GRÜNDUNG	ca. 1807
	🛢 Ex-Bourbon

VERKOSTUNG	1972, 40 Vol%
DUFT	Reiches Aroma mit mittlerer Süße und einem Hauch von Rauch.
GESCHMACK	Mittlerer bis voller Körper. Hauch von Frucht. Auch der lange Abgang ist süß und trocken.
ANMERKUNGEN	Leider schloß mit Millburn die letzte Brennerei in Inverness, aber der Malt ist noch zu finden. Siehe Seite 153-154.

MALT	**North Port**
⊠	BRECHIN, Angus
EIGENTÜMER	UDV
STATUS	Geschlossen 1983. Verschwunden.
GRÜNDUNG	ca. 1820
WASSER	Loch Lee
🛢	Ex-Bourbon

VERKOSTUNG	1974, 40 Vol%
DUFT	Leichtes, ausgeprägt süßes Aroma mit einem Anflug von Schärfe.
GESCHMACK	Auf eine anfängliche Süße folgt ein rascher Umschlag zu einem scharfen Beigeschmack.
ANMERKUNGEN	Aperitif - vorzugsweise mit einem Spritzer Wasser. Siehe Seite 153-154.

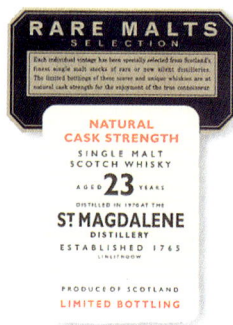

MALT	**St Magdalene**
	✉ LINLITHGOW, West Lothian
STATUS	Geschlossen 1983. Teilweise umgebaut in Wohnungen.
GRÜNDUNG	ca. 1798
WASSER	Loch Lomond
	🛢 Ex-Bourbon

ALTER BEI ABFÜLLUNG	23 Jahre
ALKOHOLGEHALT	58.1 Vol%

VERKOSTUNG	1981, 40 Vol%
DUFT	Frisch, leicht. Süße bei einem Hauch von Eiche. Rauchig und trocken - eine Mischung aus ansprechenden Aromen.
GESCHMACK	Zuerst süß, wird dann wohl ausbalanziert trocken mit einem Hauch von Rauch. Langsamer, ausgereifter Abgang.
ANMERKUNGEN	Ein Spritzer Wasser ist notwendig. Ein ausgezeichneter Tropfen.

MALT	**Benromach**
	✉ FORRES, Morayshire IV36 0EB
	ℂ 0044-1343-545111
	⊞ 0044-1343-540155
EIGENTÜMER	Gordon & Macphail Ltd
STATUS	Geschlossen 1983. Wird wieder ausgerüstet von G&M.
GRÜNDUNG	1898
WASSER	Chapelton Springs
	1
	1

VERKOSTUNG	1972, 40 Vol%
DUFT	Leicht, fein, ansprechend mit einer frischen Süße.
GESCHMACK	Leicht, fein und delikat. Ausgesprochen malziger, sehr langer Abgang.
ANMERKUNGEN	Aperitif aus einer Brennerei, die bald wieder produzieren wird. Siehe Seite 153-154.

MALT	**Brora**
⊠	BRORA, Sutherland
EIGENTÜMER	UDV
STATUS	Geschlossen 1983 und wird es auch bleiben.
GRÜNDUNG	1819
🛢	Ex-Bourbon

ALTER BEI ABFÜLLUNG	22 Jahre
ALKOHOLGEHALT	60.0 Vol%

VERKOSTUNG

DUFT
Volles, fesselndes Aroma, torfig und reich an feiner Süße.

GESCHMACK
Kraftvoll, weich mit einer Fülle von nußartigem, rauchigem Aroma, das in eine bemerkenswerte Süße übergeht.

ANMERKUNGEN
Digestif von hervorragender Qualität. Nicht den Spritzer Wasser vergessen. Momentan außerhalb von Islay wohl der Whisky mit dem kräftigsten Aroma. Gehört zur Rare Malts Selection von UDV, aber selten zu finden.

MALT	**Coleburn**
✉	Longmorn, ELGIN, Morayshire
EIGENTÜMER	UDV
STATUS	Geschlossen 1985 und wird es auch bleiben.
GRÜNDUNG	1897
WASSER	Quelle im Glen of Rothes
🛢	Ex-Bourbon
🍶 2	
🍶 2	

VERKOSTUNG	1972, 40 Vol%
DUFT	Leicht und blumig mit leicht öligen Tönen, die das Aroma steigern.
GESCHMACK	Leicht und angenehm, mit einem gut abgerundeten, anhaltenden Abgang.
ANMERKUNGEN	1930 durch Distillers Company Ltd übernommen; typische Vertreterin einer kleinen Anlage - mit nur 2 Brennblasen - aus der Spätvictorianischen Epoche. Siehe Seite 153-154.

MALT	**Convalmore**
⊠	Dufftown, KEITH, Banffshire
EIGENTÜMER	Wm Grant & Sons Ltd
STATUS	Geschlossen 1985 und wird es auch bleiben.
GRÜNDUNG	1894
WASSER	Quellen in den Conval Hills
🛢	Ex-Bourbon

VERKOSTUNG	1969, 40 vol%
DUFT	Leicht, ausgeprägtes Aroma von Heide.
GESCHMACK	Im Geschmack ausdrucksvoller als vorab das Bukett erwarten läßt. Angenehm abgerundet mit einer Fülle, die länger anhält als erwartet.
ANMERKUNGEN	Digestif. Siehe Seite 153-154.

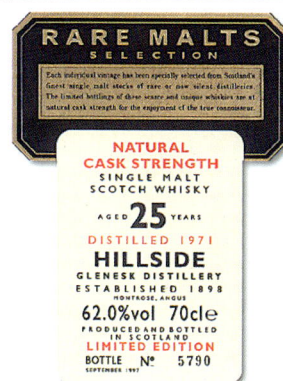

MALT	**Glenesk**
✉	Hillside, MONTROSE, Angus
EIGENTÜMER	UDV
STATUS	Geschlossen 1985. Wohl endgültig.
GRÜNDUNG	1897
WASSER	River North Esk

ALTER BEI ABFÜLLUNG	12 Jahre
ALKOHOLGEHALT	40 Vol%
SONDERABFÜLLUNGEN	1971, 25 Jahre @ 62 Vol% Rare Malts Selection, abgefüllt als Hillside.

VERKOSTUNG	1984, 40 Vol%
DUFT	Leichter, feiner Hauch von Süße.
GESCHMACK	Recht voll und süß mit anhaltendem Abgang. Gut ausbalanziert.
ANMERKUNGEN	Digestif. Die Brennerei führte einst auch die Namen North Esk und Hillside. Selten zu findende Malts. Siehe Seite 153-154.

MALT	**Glenlochy**
	⊠ FORT WILLIAM, Inverness-shire
EIGENTÜMER	UDV
STATUS	Geschlossen 1983. Bleibt wohl so.
GRÜNDUNG	1898
WASSER	River Nevis

VERKOSTUNG	1974, 46%
DUFT	Leicht und aromatisch mit einem Hauch von Süße und Frucht.
GESCHMACK	Leichtes, würziges Aroma. Schneller Abgang.
ANMERKUNGEN	Aperitif, der seltener wird. Siehe Seite 153-154.

MALT		**Lochside**
	✉	Brechin Road, MONTROSE, Angus DD10 9AD
EIGENTÜMER		Letzte Lizenz für Allied Distillers Ltd
STATUS		Geschlossen 1991
GRÜNDUNG		1957
WASSER		Tiefbrunnen
	🛢	Ex-Bourbon
	🍾	2
	🍾	2

ALTER BEI ABFÜLLUNG	10 Jahre
ALKOHOLGEHALT	40 Vol%

VERKOSTUNG

DUFT	Leicht, aromatisch mit angenehmer Süße bei einem ansprechenden Hauch von Trockne.
GESCHMACK	Anfangs süß, mittel-trocken, anregend mit einem angenehmen, anhaltenden Abgang.
ANMERKUNGEN	Schade - dieser Malt wird seltener. Die Zukunft dieser Brennerei sieht momentan sehr dunkel aus.

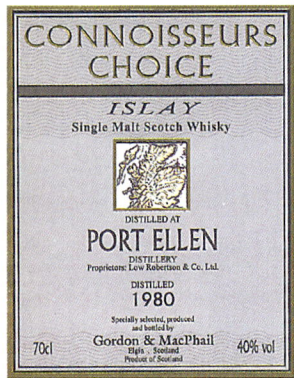

MALT	**Port Ellen**
✉	PORT ELLEN, Islay, Argyll PA42 7AJ
EIGENTÜMER	UDV
STATUS	Geschlossen 1983.
GRÜNDUNG	1825
WASSER	Leorin Lochs
🛢	Ex-Bourbon

VERKOSTUNG	1980, 40 Vol%
DUFT	Spur von Torf. Feines, süßes Bukett.
GESCHMACK	Recht kräftig. Abgerundet mit einem Hauch von Rauch. Weicher Abgang mit Anflug von Toffee.
ANMERKUNGEN	Guter, aber unterschätzter Tropfen. Um 1840 wurde der Export von Whisky nach Amerika in Port Ellen begonnen. Der Bedarf an Malz für die Insel wird hauptsächlich durch die der Port Ellen angeschlossenen Großmälzerei abgedeckt. Siehe Seite 153-154.

Unabhängige Abfüller und Fachhändler

ICH habe in diesen Abschnitt zwei weitere Unabhängige Abfüller zusammen mit 13 Fachgeschäften aufgenommen, die eine Belieferung mit guten Malts anbieten. Aufgrund des schnell wechselnden Angebotes habe ich nicht mehr die einzelnen Jahrgänge und Abfüllungen aufgelistet. Wird ein bestimmter Malt gesucht, einfach die nachfolgend aufgeführten Ansprechpartner anrufen und nachfragen.

Oddbins bietet weiterhin beste Malts von zahlreichen Abfüllern an und die Mitarbeiter sind immer freundlich und beraten gerne.

Unabhängige Abfüller

GORDON & MACPHAIL LTD
George House
Boroughbriggs Road
ELGIN, Morayshire IV30 1JY
℡ 0044-1343-545111
🖷 0044-1343-540155
Auskunft: Marketing Abteilung

CADENHEADS WHISKY SHOP
172 Canongate
EDINBURGH EH8 8BN
℡ 0044-131-556-5864
🖷 0044-131-556-2527
     (Einzelhandel und gemischte Karton)
℡ 0044-1586-554258 (Großhandel)
Auskunft: Craig Clapperton

MURRAY MCDAVID
56 Walton Street
LONDON SW3 1RB
℡ 0044-171-823-7717
🖷 0044-171-581-0250
Auskunft: Gordon Wright

SIGNATORY VINTAGE SCOTCH WHISKY CO LTD
7/8 Elizafield
Newhaven Road, EDINBURGH EH6 5PY
℡ 0044-131-555-4988
🖷 0044-131-555-5211
Auskunftt: Andrew oder Brian Symington

Fachhändler

LONDON

CADENHEADS WHISKY SHOP
3 Russell Street
Covent Garden, LONDON WC2B 5JD
☎ 0044-171-379-46404
✠ 0044-171-379-4600
    (Einzelhandel & gemischte Kartons)
☎ 0044-1586-554258 (Großhandel)
Auskunft: Sean Ivers

MILROYS OF SOHO
3 Greek Street
Soho, LONDON W1V 6NX
☎ 0044-171-437-0893
✠ 0044-171-437-1345
Auskunft: Doug McIvor, Bridget Arthur

FORTNUM & MASON
181 Piccadilly
LONDON W1A ER
☎ 0044-171-734-8040
✠ 0044-171-437-3278
Auskunftt: Annette Duce

HARRODS LTD
Knightsbridge
LONDON SW1X 7XL
☎ 0044-171-730-1234 ext 3162
✠ 0044-171-225-5823
Auskunft: Alistair Viner

SELFRIDGES LTD
400 Oxford Street
LONDON W1A 1AB
☎ 0044-171-318-3730
✠ 0044-171-491-1880
Auskunftt: Colin Akers

THE NEST
106/108 Uxbridge Road
Hanwell, LONDON W7 3SU
☎ 0044-181-579-7273
✠ 0044-181-840-9431
Auskunft: Sukindar Singh

THE VINTAGE HOUSE
42 Old Compton Street
Soho, LONDON W1V 6LR
☎ 0044-171-437-2592
✠ 0044-171-734-1174
http://www.vintagehouse.co.uk
Auskunft: Michael Mullin oder
    Michael Barton.

ENGLAND

THE WRIGHT WINE COMPANY
The Old Smithy, Raikes Road
SKIPTON, North Yorkshire BD23 1NP
☎ 0044-1756-700886
✠ 0044-1756-798580
Auskunft: Julian Kaye

TANNER'S WINES
26 Wyle Cop
SHREWSBURY, Shropshire SY1 1XD
☎ 0044-1743-234455
✠ 0044-1743-234501
Auskunft: John Melhuish

SCOTLAND

CAIRNGORM WHISKY CENTRE
Inverdruie, AVIEMORE, Inverness-shire
PH22 1QH
☎ & ✠ 0044-1479-810574
Auskunft: Frank Clark

LOCH FYNE WHISKIES
INVERARAY, Argyll PA32 8UD
☎ 0044-1499-302219
✠ 0044-1499-302238
http://www.lfw.co.uk
Auskunft: Richard Joynson

LUVIAN'S BOTTLE SHOP
93 Bonnygate
CUPAR, Fife KY15 4LG
☎ & ✠ 0044-1334-654820
Auskunftt: Vince Fusaro

MOFFAT WINE SHOP
8 Well Street
MOFFAT, Dumfriesshire DG10 9DP
☎ 0044-1683- 220554
Auskunft: Tony McIlwrick

Whisky im Internet

HIER einige interessante Websites im Internet zum Thema Scotch Whisky. Ich übernehme keine Verantwortung für den Inhalt, doch ich bin sicher, daß Sie die Seiten interessant finden werden.

Generic sites

http://www.islaywhisky.com
http://www.scotchwhisky.com
http://www.scotch-whisky.org.uk
(Scotch Whisky Association)
http://www.whiskeypages.com
(Malt Advocate Magazine)
http://www.whiskyweb.com
http://www.whisky.de
(Whiskymania)

Fachhändler

http://www.whiskyshop.com
(The Whisky Shop, Schottland)
http://www.lfw.co.uk
(Loch Fyne Whiskies, Schottland)
http://www.thewhiskyhouse.com (Belgien)
http://www.vintagehouse.co.uk (London)
http://www.smws.com
(Scotch Malt Whisky Society)
http://www.whisky.de/scoma.htm
(Scoma GmbH, Deutschland)

Sorten – Malt

http://www.themacallan-themalt.com
http://www.glenmorangie.com
http://www.glengoyne.com
http://www.glenord.com
http://www.laphroaig.com
http://www.glenfiddich.com

Sorten – Blends

http://www.cutty-sark.com
http://www.famousgrouse.com
http://www.chivas.com
http://www.hankeybannister.com
http://www.cattos.com
http://www.dewars.co.uk
http://www.blackbottle.com
http://www.buchanans.com
http://www.ballantines.com

Whisky Liqueurs

http://www.wallace-malt.co.uk
http://www.drambuie.com

Unternehmen

http://www.scotch.com
(United Distillers & Vintners)
http://www.inverhouse.com
http://www.ianmacleod.com
http://www.jb.aed.es/
(J&B Jet)
http://www.ballantines-es.com/
http://cutty.varma.es/
(Cutty Sark)
http://www.ballantines.de/

The Keepers of the Quaich

THE Keepers of the Quaich ist eine exklusive Gesellschaft mit internationaler Reputation und mit Mitgliedern in 60 Nationen. Eine Mitgliedschaft wird nur auf Empfehlung Personen angetragen, die sich sehr um den inter-nationalen Erfolg des Scotch Whisky verdient gemacht haben.

Die Gründung der Gesellschaft erfolgte durch die wichtigsten Unternehmen der Industrie zur Verbesserung des weltweiten Ansehens und der Reputation des Scotch Whisky. Die Gründern bündelten dadurch ihre Potentiale und Kräfte, um den Scotch stolz und voller Lob anzupreisen. Als Institution schottischen Ur-sprungs stiften die Mitglieder hin und wieder Gelder für wohltätige Zwecke für Schottland und seine Bewohner.

Alle haben sie eines gemeinsam - die Liebe zu Schottland und Scotch Whisky.

Wahlspruch

"Das Ansehen und den Erfolg von Britanniens wichtigstem Exportartikel gilt es zu fördern und gleichzeitig die Kenntnis über seine Einzigartigkeit, Traditionsverbundenheit, Qualität und den Nutzen, den er nicht nur seiner Heimat, sondern auch den Märkten in aller Welt bringt."

Schirmherren

The Rt. Hon. The Earl of Erroll, His Grace The Duke of Argyll J.P., His Grace The Duke of Atholl, The Rt. Hon. The Earl of Elgin & Kincardine K.T., The Rt. Hon. The Earl of Mansfield D.L., J.P., Sir Iain Tennant K.T., LLD, The Rt. Hon. The Lord Macfarlane of Bearsden K.T., Mrs James Troughton, Sir George Bull and The Viscount Thurso.

Gründungsmitglieder

Allied Distillers Ltd
2 Glasgow Road
DUMBARTON G82 1ND
Diese im Januar 1988 durch die Vereinigung von George Ballantine & Son,

William Teacher & Sons, Stewart & Son of Dundee und Long John International gegründete Gesellschaft vertritt im Bereich Scotch Whisky die Interessen von Allied Domecq plc. Mit Firmensitz in Dumbarton, betreibt das Unternehmen zwei große Grain und zwölf Malt Brennereien; die 1938 von Hiram Walker aufgebaute gute Zusammenarbeit mit der Stadt ist auch heute noch unverändert.

United Distillers & Vintners (UDV)
33 Ellersly Road
EDINBURGH EH12 6JW
und
8 Henrietta Place
LONDON W1M 9AG

United Distillers & Vintners, der Spirituosenbereich von Diageo, entstand nach der Verschmelzung von Guinnness und Grand Metropolitan durch die Zusammenlegung von International Distillers und Vintners mit United Distillers. Die Gesellschaft ist der Welt größter Hersteller von hochwertigen Spirituosen und 19 ihrer Marken zählen zu den 100 besten Spirituosen, darunter Johnnie Walker, J&B Rare, Bell's Extra Special und White Horse Scotch Whiskies.

Justerini & Brooks Ltd
8 Henrietta Place
LONDON W1M 9AG

Gegründet 1749 von Giacomo Justerini, einem italienischen Likörfabrikanten, der einer Opernsängerin nach London nachgereist war. Seine Werbung um die Sängerin war ohne Er-folg, aber er blieb und gründete mit George Johnson einen Weinhandel. Um 1760 erhielt das Unternehmen die erste von insgesamt acht königlichen Auszeichnungen. 1830 kaufte Alfred Brooks die Gesellschaft auf. Ein Jahrhundert später stellte die Hausmarke "J&B Rare" den Hauptanteil an den Exporten des Unternehmens in die Vereinigten Staaten. Durch die Verschmelzung mit Twiss Browning and Hallowes entstand die United Wine Traders, die 1962 Gilbey's hinzukauften und hieraus wurde International Distillers and Vintners, der Getränkebereich von Grand Metropolitan. 1998 verschmolz Grand Metropolitan mit Guinness zur Diageo und dadurch der Spirituosenbereich mit United Distillers zu United Distillers and Vintners.

Highland Distillers Co plc
West Kinfauns
PERTH PH2 7XZ
und
The Edrington Group Ltd
106 West Nile Street
GLASGOW G1 2QY

Highland Distillers Company entstand im Juli 1887 mit den Brennereien

Glenrothes und Bunnahabhain als eine Gesellschaft mit hochwertigem Malt für das Blenden von Scotch. Mit der Übernahme der Brennereien Glenglassaugh (1892) und Tamdhu (1989) expandierte das Un-ternehmen und knüpfte später eine feste Bindung an den Whiskyhändler Robertson & Baxter Ltd. Zusätzliche Erweiterungen der Geschäftsbereiche erfolgten beim Malt 1937 durch den Erwerb von Highland Park auf Orkney und beim Blended Scotch 1970 durch den Zukauf von Matthew Gloag & Son Ltd, dem in Perth ansässigen Hersteller von The Famous Grouse. 1995 kam Black Bottle hinzu und 1996 The Macallan durch die Übernahme der Aktienmehrheit von Macallan-Glenlivet plc.

Chivas Brothers Ltd
The Ark
201 Talgarth Road
LONDON W6 8BN

1801 ließ sich William Edward als Wein- und Spirituosenhändler in Aberdeen nieder. 1836 kam James Chivas hinzu und übernahm im Verlaufe von fünf Jahren das Unternehmen. Schwerpunkt wurde in den Jahren ab 1840 das Herstellen von Blended Scotch und um 1860 hatten Chivas Brothers einen Blend geschaffen, der zu der Welt führendem Blended Scotch werden sollte - Chivas Regal. Erstmals 1909 in die Vereinigten Staaten exportiert, ist er noch immer das Zugpferd des Unternehmens. 1949 erfolgte die Übernahme von Chivas Brothers durch Seagram Distillers plc.

Chivas Brothers ist heute verantwortlich für die globale strategische Vermarktung und Geschäftsentwicklung der Whiskysorten von Chivas Brothers ; die Palette wird angeführt von Chivas Regal 12 Jahre und Royal Salute 21 Jahre. Es folgen Chivas Regal 18 Jahre, Chivas Brothers "The Century of Malts", Chivas Brothers 1801 und Strathisla Pure Highland Malt.

Chivas Brothers ist zusätzlich für die Produktion und das Management für alle Scotch Whiskies von Seagram zuständig : The Glenlivet, Glen Grant, Passport und Something Special.

Mitglieder

Berry Bros & Rudd Ltd
3 St James's Street
LONDON SW1A 1EG

Burn Stewart Distillers PLC
8 Milton Road
College Milton North
EAST KILBRIDE G74 5BU

Campbell Distillers Ltd
West Byrehill
KILWINNING KA13 6LE

The Drambuie Liqueur Company Ltd
Stirling Road
KIRKLISTON
West Lothian EH29 9EE

J&G Grant
Glenfarclas Distillery
Marypark
BALLINDALLOCH
Banffshire AB3 9BD

William Grant & Sons Ltd
Independence House
84 Lower Mortlake Road
RICHMOND
Surrey TW9 2HS

Inver House Distillers Ltd
Towers Road
AIRDRIE ML6 8PL

William Lawson Distillers Ltd
288 Main Street
COATBRIDGE ML5 3RH
The Macallan Distillers Ltd
CRAIGELLACHIE
Banffshire AB3 9RX

Glenmorangie plc
Macdonald House
18 Westerton Road
BROXBURN
West Lothian EH52 5AQ

Morrison Bowmore Distillers Ltd
Springburn Bond
Carlisle Street
GLASGOW G21 1EQ
The Tomatin Distillery Co Ltd
TOMATIN IV13 7YT

JBB (Greater Europe) PLC
Dalmore House
310 St Vincent Street
GLASGOW G2 5RG

Verzeichnis der Malts